AF567260

Ingeborg Hedderich, Elisabeth Dehlinger

Bewegung und Lagerung

im Unterricht mit schwerstbehinderten Kindern

mit 44 Abbildungen

Ernst Reinhardt Verlag München Basel

Prof. Dr. Ingeborg Hedderich ist Professorin für Heil- und Sonderpädagogik an der Fachhochschule Magdeburg. Zu ihren Arbeitsschwerpunkten gehören pädagogische und didaktische Fragestellungen bei schwerster Behinderung.

Elisabeth Dehlinger ist Krankenschwester und studierte Sonderpädagogik an der Pädagogischen Hochschule in Heidelberg.

Die Deutsche Bibliothek – CIP-Einheitsaufnahme

Hedderich, Ingeborg:
Bewegung und Lagerung im Unterricht mit schwerstbehinderten Kindern / Ingeborg Hedderich ; Elisabeth Dehlinger. – München ; Basel : E. Reinhardt, 1998
ISBN 3-497-01469-9

Printed in Germany

Inhalt

Matthias Dehlinger, Nürtingen-Zizishausen

Vorwort

Unterricht beginnt auf einer ganz elementaren und basalen Stufe der Interaktion zwischen zwei Menschen: dem Schüler und der Lehrerin. Wie wichtig dieser Kontakt zwischen Schüler und Lehrerin ist und was es bedeutet, sich völlig auf den anderen einzustellen, ihn in seinen Wünschen und Bedürfnissen wahrzunehmen, kann schwerlich in der Theorie deutlich gemacht werden. Jedoch im handelnden Umgang mit Kindern, deren Leben durch schwerste Behinderung einen besonderen Ausdruck erhält, wird bewußt, daß ein übergeordnetes Ziel und durchgängiges Prinzip eines jeden Unterrichts sein muß, daß der Schüler sich wohl fühlt. Sich wohl fühlen bedeutet zunächst, frei zu sein von Schmerzen, Entspannung oder Aktivität zum angemessenen Zeitpunkt, Ansprache, Kommunikation und intensiven Körperkontakt. Des weiteren verstehen wir darunter, das Gefühl zu haben, angenommen, geschätzt und respektiert zu werden.

Bei Kindern und Jugendlichen mit schwerster Behinderung, die sehr stark in ihrer motorischen Bewegungsfähigkeit eingeschränkt sind, ergibt sich sehr schnell ein hierarchisches Verhältnis zwischen Lehrerin und Schüler. Die Lehrerin bewegt, lagert, transportiert, pflegt und versorgt den Schüler während des Unterrichts. Viele Dinge werden einfach für ihn erledigt, da es schneller geht. Im Hinblick auf eine weitestgehend selbstbestimmte Lebensführung muß jedoch dem Schüler im Unterricht die Möglichkeit eingeräumt werden, ja, es muß ein Ziel sein, seinen motorischen Handlungsraum zu erweitern oder zu erhalten. Bewegungsunterstützende Maßnahmen sind darum unabdingbarer Bestandteil eines jeden Unterrichts.

Um das Ziel, dem Schüler einen erweiterten Handlungsspielraum zu ermöglichen oder in allen Situationen anzustreben und ihm Wohlbefinden und Sicherheit zu gewährleisten, ist eine intensive Zusammenarbeit zwischen therapeutischen Fachkräften und der Lehrerin notwendig. Wissen und Fertigkeiten müssen ausgetauscht, weitergegeben und Förderkonzepte gemeinsam erstellt werden, da es stets der Schüler ist, der im Zentrum jeder sonderpädagogischen oder sondertherapeutischen Förderung steht. Das Wohl des Schülers muß das gemeinsame Ziel aller an seiner Förderung Beteiligten sein. Anliegen dieses Buches ist es, Einblick zu geben in ein Bedingungsgefüge, das bewegungsunterstützende Maßnahmen in einer bestimmten Form von Unterricht impliziert. Dieser Unterricht vereint pädagogische und therapeutische Elemente.

In der Arbeit werden wir vorwiegend von „Kindern mit schwerster Behinderung" sprechen. Damit sind stets auch Jugendliche mit einbezogen, sofern dies nicht anders vermerkt ist. Die Berufsbezeichnung der Krankengymnastin und der Lehrerin wählen wir bewußt in der weiblichen Form, da an den Schulen für Körper- oder Geistigbehinderte Krankengymnastinnen deutlich stärker vertreten sind als Krankengymnasten. Trotzdem sind mit der Formulierung immer auch die männlichen Kollegen in den beiden Berufsgruppen gemeint.

Wuppertal und Villingendorf, im Frühjahr 1998

Ingeborg Hedderich, Elisabeth Dehlinger

1. Begriffsbestimmungen

1.1 Schwerste Behinderung

Es gibt viele unterschiedliche Versuche, den Personenkreis der Menschen mit schwerster Behinderung zu beschreiben. Diese überaus heterogene Gruppe einheitlich zu definieren, ist jedoch kaum möglich. In unserer Gesellschaft gibt es verschiedene Vorstellungen, wann und weshalb Menschen als „schwerstbehindert" gelten. Der Grund liegt unter anderem darin, daß Ursachen, Ausprägung und Auswirkung der Behinderung individuell so sehr verschieden sind und darum auch nicht verglichen werden können.

Im folgenden wird die Bezeichnung „Menschen mit schwerster Behinderung" dem Begriff „Schwerstbehinderte" vorgezogen, da bei letzterem der Mensch primär und meist negativ behaftet über seine Behinderung definiert wird.

Ein Beschreibungsversuch der Personengruppe geht häufig mit einer Aufzählung von Defiziten einher, denn dies ist das offensichtlichste Moment der Menschen mit schwerster Behinderung: Sie können sehr vieles nicht – vieles, was in unserer Gesellschaft und auch in Schulen als grundlegend gilt und erwartet wird. Es waren bislang die Kinder und Jugendlichen mit schwerster Behinderung, die bis Ende der 70er Jahre nicht eingeschult wurden, da sie den Anforderungen in den Regel- und auch Sonderschulen nicht gerecht werden konnten (Hedderich 1991). Erst seit dem Beschluß der Kultusministerkonferenz vom Februar 1979 haben „Schwerstbehinderte" ein gesetzlich verankertes Anrecht auf Unterricht. Bis heute noch stellen sie den einzigen Personenkreis dar, der von der Schulpflicht befreit werden kann: „Kinder und Jugendliche, die (…) wegen ihrer körperlichen, geistigen oder seelischen Eigenart auch mit Sonderschuleinrichtungen nicht gefördert werden können (Schulunfähigkeit), sind von der Schulpflicht befreit" (§ 72 Abs. 3 des Schulgesetzes für Baden-Württemberg vom 24. Juni 1993).

Liegt es aber tatsächlich an dem Schüler, daß er einen Unterricht „wegen einer Eigenart" nicht besuchen kann? Ist es nicht vielmehr die Struktur des Unterrichts, die bisher einen Schüler mit schwerster Behinderung nicht in ihre Zielsetzungen und ihre methodisch-didaktische Konzeption mit einbezogen hat?

Es ist zu klären, was mit dem Begriff „Eigenart" verbunden wird, also welche Eigenschaften, Qualitäten und Fähigkeiten Menschen mit schwerster Behinderung auszeichnen beziehungsweise sie offensichtlich von anderen abgrenzen. Schwerste Behinderung ist eine Bezeichnung, die gesetzlich nicht bestimmt ist. Im Schwerbehindertengesetz werden „Personen mit einem Grad der Behinderung von wenigstens 50" als Schwerbehinderte anerkannt. Die Superlativform der Schwerstbehinderten wird nirgends erwähnt.

Mit dem Begriff eines „schwerstbehinderten Kindes" verbindet Krebs (1991, 7) das Extreme. Er drückt dies so aus: „Testuntersuchungen versagen, weil sie in solchen Extrembereichen (schwerst- und mehrfachbehinderte Kinder, Anm. d. V.) nicht mehr (...) aussagesicher sind." Ist schwerste Behinderung also doch gleichzusetzen mit einem immensen Defizitkatalog von Fähigkeiten oder mangelnden Fertigkeiten? Speck (1979, 5) wählt für Schwerstbehinderte ebenso den Begriff der „Extrem- oder Intensivbehinderten". Damit versucht er eine extreme Form von Entwicklungsstörung zu bezeichnen.

Zur Verdeutlichung der Problematik einer Begriffsklärung möchten wir auf zwei Autoren zurückgreifen, die sich mit der Definition der Personengruppe der Menschen mit schwerster Behinderung auseinandergesetzt haben. Bach (1991, 3ff) beschreibt den Personenkreis der Menschen mit schwerster Behinderung sehr differenziert unter medizinischen, psychologischen, personalen, soziologischen, rechtlichen und ethischen Aspekten. Das ausschlaggebende Merkmal einer schwersten Behinderung besteht für ihn in der „Komplexität", d.h. einem umfassenden „Beziehungsgeflecht unterschiedlich geschädigter Bereiche".

Dies läßt sich am Beispiel eines schwer cerebral geschädigten Kindes darstellen: durch eingeschränkte Bewegungsfähigkeit aufgrund einer Spastik oder Hypotonie ist es deutlich in seiner Wahrnehmungsentwicklung beeinträchtigt. Diese Beeinträchtigung wirkt sich auf allgemeine motorische Fertigkeiten, Sprache und Kommunikation aus. Soziale Kontakte und die eigene Selbstbestimmung können dadurch wiederum gravierend erschwert werden.

Schwerste Behinderung läßt sich nach Bach von schwerer Behinderung nicht scharf abgrenzen, es bestehen vielmehr fließende Übergänge, da es viele unterschiedliche Arten von schwerster Behinderung geben kann. Bach (1991, 5) betont aus soziologischer Sicht, „daß es Behinderung als Eigenschaft oder Merkmal einer Person nicht gibt, sondern daß eine Behinderung nur besteht, wenn eine starke Diskrepanz zwischen einer Verhaltens- und Erlebnisdisposition und einer bestimmten Erwartung oder Anforderung unter bestimmten Bedingungen in einer bestimmten Situation vorliegt". Bei einer schwersten Behinderung sind unter anderem die Bereiche der Selbstbesorgung und der selbständigen Lebensführung stark beeinträchtigt, was wiederum zu einer sozialen Abhängigkeit führen kann.

„Von schwerster Behinderung als extremer Diskrepanz zwischen individueller Disposition und Regelerwartung wäre also zu sprechen, sofern und solange extreme soziale Abhängigkeit besteht, d.h. eine selbständige Lebensführung und insbesondere die Selbstbesorgung umfänglich, d.h. durchgängig, hinsichtlich vieler Funktionen in vielen Bereichen und Situationen, längerfristig, d.h. nicht nur vorübergehend, und schwerwiegend, d.h. extrem vom Regelbereich abweichend, eingeschränkt ist" (Bach 1991, 8).

Von Schwerstbehinderung als einem „komplexen und dynamischen Begriff" spricht Schelenz (1991a, 40) bei ihrer definitorischen Überlegung. Damit meint sie, daß eine schwerste Behinderung trotz augenscheinlicher Ähnlichkeit der Ursachen bei jedem Menschen eine individuelle und unvergleichbare Ausprägung erfährt. Für sie ist eine Schwerstbehinderung immer auch eine Mehrfachbehinderung, bei der sich unterschiedliche Behinderungen gegenseitig bedingen, verstärken und beeinflussen. Sie führen so zu einer „vielschichtigen Beeinträchtigung der ganzen Persönlichkeit". Als „äußere Erscheinungsform schwerster Behinderung" nennt sie (S. 41):

- schwere geistige Behinderung
- schwere körperliche Behinderung
- schwere Verhaltensstörungen
- Beeinträchtigung, Schädigung oder Ausfall der Sinne sowie Wahrnehmungsstörungen in allen Sinnesbereichen
- Organ-, Muskulatur- und Skelettschädigungen
- Anfallsleiden
- psychische Entwicklungsveränderungen

Weitere Kennzeichen der Menschen mit schwerster Behinderung sind nach Schelenz Einschränkungen oder Ausfälle in einem oder in mehreren der folgenden Bereiche (S. 42f):

- im motorischen Bereich
- im Sozialverhalten
- im Sprachverhalten
- im lebenspraktischen Bereich
- im Bereich der Wahrnehmung

Kinder mit schwerster Behinderung besuchen hauptsächlich eine Schule für Körperbehinderte, und darin in der Regel die Abteilung für Geistigbehinderte, oder eine Schule für Geistig- oder Mehrfachbehinderte. In der Schule für Körperbehinderte ist der Stellenschlüssel der Krankengymnastinnen wesentlich höher, d. h., jedes Kind erhält deutlich mehr krankengymnastische Förderung, als sie ihm in einer Schule für Geistigbehinderte zustehen würde.

In der vorliegenden Arbeit sollen Kinder mit schwerster Behinderung dadurch beschrieben werden, daß sie:

- im motorischen Bereich nicht in der Lage sind, sich selbständig fortzubewegen oder selbständig ihre Lage (ausgenommen Kopf und Hände) zu verändern, und es ihnen nicht möglich ist, selbständig in eine höhere Position, also Sitzen oder Stehen, zu gelangen und dort zu bleiben;
- in ihrer Sozialerfahrung, bedingt durch extrem eingeschränkte Motorik und Kommunikationsfähigkeit, auf die Anwesenheit und Hilfe von leider sehr häufig wechselnden Bezugspersonen angewiesen sind;
- in ihrer kommunikativen Kompetenz stark eingeschränkt sind. Gefühle und Emotionen können durch wenige nonverbale oder vorsprachliche Äußerungen zum Ausdruck gebracht werden. Gegenstand ihrer Ausdrucksfähigkeit ist ihr gesamter Körper;
- im Bereich der Wahrnehmung starke Einschränkungen durch Sinnesschädigungen oder mangelnde motorische Fähigkeiten (bedingt durch Spastik, Hypotonie, Kontrakturen, Deformation) haben. Sie nehmen Menschen und Gegenstände primär durch Haut- und Körperkontakt wahr;
- im kognitiven Bereich Erfahrungen hauptsächlich über ihren Körper sammeln;
- in ihrer Selbstbesorgung, Körperpflege und Nahrungsaufnahme vollständig und dauerhaft von Hilfe und Unterstützung abhängig sind.

Der Förderbedarf von Kindern mit schwerster Behinderung kann wie folgt beschrieben werden (Hedderich 1997a, 104):

- Grundversorgung: Abhängigkeit von der Pflege durch andere. Für diese Pflege müssen Zeit, Raum und Material vorhanden sein.
- Ernährung: Hilfe bei der Nahrungsaufnahme. Hierbei ist nicht nur die Aufnahme selbst von Bedeutung, sondern auch die vertrauensvolle Beziehung.

- Lagerung: Die Lage kann nicht jederzeit selbst verändert werden. Es sind spezifische Hilfen zum Liegen oder Sitzen notwendig. Es besteht die Gefahr, daß dauerhaft eingenommene Positionen deprivierend wirken können.
- Spezielle therapeutische Angebote: Es besteht eine enge Verbindung zwischen Pädagogik und Therapie. Es bedarf der intensiven Kooperation zwischen Pädagoginnen und Therapeutinnen (Ergotherapie, Physiotherapie).
- Spezielle pädagogische Förderung: Notwendig ist nicht ein allgemein pädagogisches Angebot auf einem vereinfachten Niveau, sondern Angebote, die auf die spezifische Situation von schwerstbehinderten Schülern und Schülerinnen eingehen.

1.2 Beziehung zwischen Therapie und Unterricht

Therapie

Unter einer Therapie versteht man ganz allgemein „Maßnahmen zur Heilung einer Krankheit" (Roche 1993, 1630). Sie können je nach Zielsetzung in kausale, spezifische oder unspezifische, konservative oder operative Therapien eingeteilt werden. Dazu zählen unter anderem Ernährungstherapie, Sprachtherapie, physikalische Therapie, manuelle Therapie und Psychotherapie.

In der sonderpädagogischen Arbeit prägen sie das Bild des schulischen Alltags: „Therapien sind seit langem das bestimmende Moment der Lebenswelt Schwerstbehinderter, begleiten sie von Geburt bis zum Tode (...). Bei schwerstbehinderten Kindern füllen Therapien den Stundenplan wie bei anderen das Lesen und Schreiben" (Fornefeld 1995, 115). Fornefeld bemerkt jedoch kritisch, „wie schnell aus einer Therapie oder psychotherapeutischen Methode ein *Förder*ansatz in der Schwerstbehindertenpädagogik wird, und wie sehr hierbei das eigentliche

Erzieherische durch das Therapeutische ersetzt zu werden droht" (1995, 113).

Die verschiedene Schwerpunktsetzung zur Abgrenzung zwischen Therapie und Pädagogik betonen Van Vugt/Besems: „Der Unterschied zwischen Therapie und Pädagogik darf gleitend sein, dennoch gibt es ganz verschiedene Schwerpunkte. In der Pädagogik liegen diese in der Bildung, vor allem den geistigen Fähigkeiten, in der Therapie auf der Heilung von Störungen, Leid, Krankheit. Die Pädagogik baut auf dem auf, was sich bisher entwickelt hat. In der Psychotherapie (Gestalttherapie mit Behinderten, Anm. d. V.) versuchen wir das, was sich bis jetzt fehlerhaft oder mangelhaft entwickelt hat, zu reparieren" (1992, 156). Fornefeld greift diesen grundlegenden Ansatzpunkt auf und formuliert ganz deutlich: „Ein ganz wesentliches Unterscheidungsmerkmal zwischen Therapie und Pädagogik (...) ist die Perspektive bei beiden, d. h., *Pädagogik ist gegenwarts- und zukunftsorientiert,* die *Therapie* hingegen *vergangenheitsorientiert.* Sie schaut auf das zurück, was gestört wurde oder sich fehlerhaft-unzureichend entwickelt hat" (1995, 118).

Den Bereich der Therapie schränkt Feldkamp nicht auf Bewegungsübungen ein, er definiert ihn umfassender: „Konservative motorische Therapie beinhaltet außer Krankengymnastik auch die Hilfsmittelversorgung" (1996, 8).

Bezogen auf die vorliegende Arbeit ist das Ziel einer bewegungsorientierten Therapie, also der Krankengymnastik, „motorische Defizite zu mildern, zu verbessern oder zu beheben" (Ebert 1986, 294f). Ebert bezeichnet diese therapeutische Intervention auch als „Bewegungsschulung". Besonders wichtig ist die Förderung der gesamten Persönlichkeit im Gegensatz zum ausschließlichen Bemühen um eine isolierte Förderung der motorischen Kompetenz. Die krankengymnastische Therapie hat zwar das Ziel, die Motorik zu verbessern, kann dem Kind aber nur gerecht werden, wenn die gesamte Entwicklung in eine Fördersituation mit einbezogen wird.

Fünf wesentliche Merkmale zeichnen die krankengymnastische Arbeit aus:

1. Die Therapie sollte im Bedarfsfall so früh wie möglich einsetzen, es gibt keine Altersbeschränkung.
2. Je nach Diagnosestellung kommen bestimmte Behandlungstechniken zum Einsatz (Ebert 1986, 296), z. B. neurophysiologisch begründete Konzepte bei infantiler Cerebralparese nach Bobath oder Vojta.
3. Die Arbeit mit den Patienten ist in der Regel defizitorientiert, mangelnde Fähigkeiten und Fertigkeiten sollen antrainiert werden.
4. Die Arbeit hat eine deutliche prophylaktische Komponente.
5. Der Erfolg der Arbeit wird an ihrer Effektivität gemessen.

Unterricht

In einem allgemeinpädagogischen Ansatz wird versucht, die zwei wichtigsten Momente eines Unterrichts darzustellen: „Der *interaktionell-soziale* und der *didaktisch-methodische Aspekt*" (Kaiser/Kaiser 1994, 218). Unterricht ist dabei „ein Geschehen, bei dem beides ineinander greift, eins auf dem anderen aufbaut und eins das andere voraussetzt". Konkret heißt dies, daß es im Unterricht einmal darum geht, „Lerninhalte an bestimmte Adressaten (...) zu vermitteln. Zum anderen ist diese Vermittlung (...) in Interaktionen eingebettet (...) d. h. es läuft eine Vielzahl komplexer sozialer Handlungen ab, oft in engem Zusammenhang mit dem eigentlichen Lerngeschehen". Als weiteres „Strukturmoment" gilt, daß „Inhalte (Themen) unter bestimmten Intentionen (Absichten) behandelt" werden und „das Thema hinsichtlich der Adressatenbedingungen methodisch" aufbereitet werden muß (Kaiser/Kaiser 1994, 218f).

Eine sehr allgemein gehaltene Definition von sonderpädagogischem Unterricht kommt aus Nordrhein-Westfalen: „Der Unterricht umfaßt alle pädagogischen Situationen, dabei sind Pflege und spezielle individuelle Fördermaßnahmen einbezogen" (Kultusminister des Landes Nordrhein-Westfalen 1985, 8).

In der Handreichung des Oberschulamts Stuttgart wird Unterricht als „ein von der Lehrkraft geplantes Vorgehen, das Lernen über Handlungsangebote ermöglicht", definiert (1994, 11). Ziele, Inhalte, methodisches Vorgehen und räumlich-zeitliche Strukturierung sollen sich an den Schülervoraussetzungen orientieren und werden von der Lehrkraft festgelegt.

Sonderpädagogischer Unterricht beinhaltet also zum einen den Aspekt der zielgeleiteten Planung, die sich stets nach der individuellen Situation des einzelnen Schülers oder der Klasse richtet. Räumliche und personelle Gegebenheiten müssen ebenso in die Planung mit einbezogen werden. Zum anderen besteht Unterricht aus Handlung, die immer als zwischenmenschliche Interaktion stattfindet.

Therapieimmanenter Unterricht

Der Begriff „immanent" kommt aus dem Lateinischen und bedeutet soviel wie „innewohnend, enthalten". Therapieimmanenter Unterricht ist folglich ein Unterricht, der von therapeutischen Momenten durchzogen, bereichert, durch diese erweitert oder ergänzt wird. Zum einen zählt die therapeutische Übungsbehandlung dazu, die nicht in einem separaten Raum außerhalb des Unterrichtsgeschehens stattfindet, sondern in den Unterrichtsablauf integriert wird, wenn z. B. die Krankengymnastin ins Klassenzimmer kommt. Zum anderen sind all die Aktivitäten gemeint, die die Pädagogin aus therapeutischen Konzepten übernommen hat und in ihre spezielle Unterrichts- oder Fördersituation einfließen läßt, z. B. das Handling nach Bobath.

In der Handreichung des Oberschulamts Stuttgart heißt es bei der Klärung des Unterrichtsbegriffs: „Im Rahmen der Förderung von schwermehrfachbehinderten Schülerinnen und Schülern ist die Einbindung differenzierter therapeutischer Anteile in das pädagogische Gesamtkonzept unverzichtbar. Es gehört deshalb zu den wichtigsten Aufgaben von pädagogischen und therapeutischen Kräften, gemeinsam Konzepte zu entwickeln" (1994, 11). Für Kobi gibt es keine offensichtliche Trennung zwischen Therapie und Unterricht, sie verschmelzen unweigerlich. Denn „entscheidend ist (...) nicht, *was* jemand tut, sondern *wo* und *wer* etwas macht" (Kobi 1986, 88). Er meint damit, daß die Institution die Tätigkeit bestimmt. In der Schule wird unterrichtet – egal von wem, in der Krankengymnastik-Abteilung wird therapiert – egal durch wen. Verschmelzen schulische und therapeutische Aufgabenfelder oder greifen sie ineinander, wie es in der Schule für Körperbehinderte oder für Geistigbehinderte durchaus schon üblich ist, so findet sich im Schulbereich ein *therapieimmanenter Unterricht.*

Bewegungsunterstützende Maßnahmen

Bewegungsunterstützende Maßnahmen sind Hilfestellungen, die es einem Kind mit schwerster Behinderung ermöglichen, Bewegungen auszuführen, sie zu erleichtern oder anzubahnen, beziehungsweise sie überhaupt erst möglich machen. Diese Hilfestellung kann von einer Person, also z. B. der Krankengymnastin oder Lehrerin, ausgehen oder durch Hilfsmittel erfolgen. Zu den Hilfsmitteln zählen Lagerungshilfsmittel wie Kissen, Keile, Decken oder ähnliches. Ebenso gehören dazu speziell angefertigte Rollstühle, Lifter oder Gegenstände, die das tägliche Leben erleichtern, also etwa Schnabelbecher oder aufsteckbare Tellerranderhöhungen.

Bei bewegungsunterstützenden Maßnahmen ist Methode und Ziel zugleich, den Muskeltonus des behinderten Kindes zu normalisieren. Eine ausgeglichene Körperspannung gilt als Voraussetzung für Bewegung überhaupt. Da Kinder mit schwerster Behinderung oftmals durch starre Bewegungsformen in ihrer gesamten Motorik eingeschränkt sind, muß für sie von seiten der Krankengymnastin oder der Lehrerin die Möglichkeit geschaffen werden, differenziertere Bewegungsformen auszuführen. Dies geschieht insbesondere durch gezielte Lagerung oder entsprechendes Handling beim Umgang mit dem Kind.

2. Motorik

2.1 Die Bedeutung der Motorik für die Entwicklung

Vom Bruch (1994, 3) bezeichnet „Bewegung als biologische Voraussetzung des Lebens" und als „Grundbedürfnis des Menschen" (S. 5). Er bringt sie in Zusammenhang mit sämtlichen Funktionen eines Organismus. Für ihn bedeutet dies, daß eine Beeinträchtigung einer jeden Funktion zur Behinderung der Bewegung führen und umgekehrt über Bewegung auf jede Behinderung Einfluß genommen werden kann. Da die kindliche Entwicklung ein komplexer Vorgang ist, in dem sich die verschiedenen Komponenten, wie z. B. Bewegung, Wahrnehmung und Sprache, bedingen, verstärken und hemmen, also ganz allgemein in engster Wechselbeziehung zueinander stehen, ist eine umfassende Sichtweise von elementarer Bedeutung. Kiphard betont, „daß Störungen und Hemmungen im Entwicklungsverlauf nicht isoliert bleiben, sondern sich negativ auf das Funktionsganze auswirken" (1973, 16). So kann z. B. eine visuelle Wahrnehmungsschwäche die Bewegungsentwicklung, die Entwicklung der kognitiven Leistungsfähigkeit oder der Kommunikationsfähigkeit verzögern oder beeinträchtigen.

Bewegung zählt zum elementarsten Bereich des Menschen, der, verbunden mit der Wahrnehmung, für das Kind den Ausgangspunkt bildet, die Umwelt zu erfahren, sich mit ihr vertraut zu machen und sich in ihr zurechtzufinden. Bewegung befähigt den Menschen, selbstbestimmt und zielgerichtet zu handeln, die Umwelt zu begreifen und sie mitzugestalten.

In der geistigen Entwicklung eignet sich das Kind durch das Begreifen seiner Umwelt deren Strukturen an. Es lernt handelnd, es lernt in und durch Bewegung. Bereits vorhandene Erfahrungen dienen als Ausgangspunkt für weiteres Lernen. Neue Elemente werden an die vorhandenen Schemata assimiliert, was dann die Entstehung eines höheren Schemas zur Folge hat (Piaget 1974, 114).

Ist ein Kind aufgrund einer Bewegungsbehinderung nicht in der Lage, in der Bauchlage seinen Kopf zu heben, um z.B. einen Gegenstand mit den Augen zu fixieren, so fehlt ihm ein entscheidendes Bewegungsmuster als Voraussetzung für differenziertere Bewegungsformen. Es wird zunächst nicht fähig sein, greifen zu lernen oder eine Auge-Hand-Koordination zu erreichen. Im Bereich der Motorik, wie auch in allen anderen Bereichen der Entwicklung, bauen sich differenziertere Leistungen grundsätzlich stufenweise aufeinander auf. Jede erreichte Entwicklungsstufe ist Voraussetzung für den Erwerb der nächsten. Die Stufen der motorischen Entwicklung haben wir, in Anlehnung an Flehmig, im Anhang zusammengestellt.

Hat ein Kind im Bereich der Motorik keine Möglichkeit oder nicht die eigene Fähigkeit, neue Bewegungsmuster zu erproben und sie damit zu lernen, so wird es in seiner motorischen Entwicklung nicht weiterkommen. Genauso wenig sinnvoll ist es, einem Kind eine Bewegungsform antrainieren zu wollen, zu der die vorhergehenden Entwicklungsstufen fehlen. Das Kind wird eine solche Bewegung, wenn überhaupt, nie sicher und physiologisch richtig ausführen können.

Eine Störung der Bewegung kann Ausdruck einer psychischen, geistigen oder einer Sinnesbehinderung sein. Bei einer Bewegungsbehinderung sind jedoch die Strukturen der Bewegungsbildung selbst geschädigt, d.h., die motorischen Zentren im Nervensystem, dessen Leitungsbahnen und damit der gesamte Bewegungsapparat sind betroffen. Bewegung kann dann nicht mehr zielgerichtet eingesetzt werden. Handlung ist daher nicht mehr möglich, denn Bewegung wird dann als Handlung angesehen, wenn sie „zielgerichtet und an Problemlösungen orientiert ist“ (vom Bruch 1994, 6).

2.2 Zusammenhänge zwischen Motorik und anderen Bereichen der Entwicklung

Motorik und Wahrnehmung

Die Verknüpfung zwischen der Wahrnehmung, die auf sensorischer Verarbeitung von Reizen beruht, und der Motorik wird als *Sensomotorik* bezeichnet. Die Wechselbeziehung zwischen beiden Polen läßt sich als Regelkreis vereinfacht darstellen: Sinnesreize (input) lösen motorische Reaktionen (output) aus, kontrollieren diese und veranlassen wiederum motorische Korrekturen.

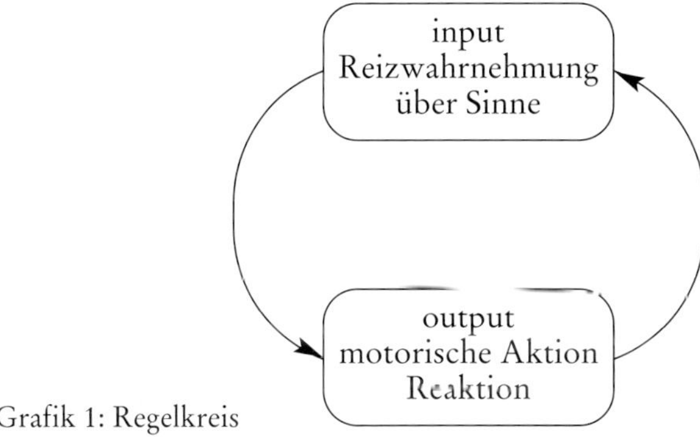

Grafik 1: Regelkreis

Sensomotorik bezeichnet also die „Verbindung zwischen der Wahrnehmung und ihrer motorischen Antwort" (Zinke-Wolter 1991, 38). Wenn man z.B. einen dampfenden Teller Suppe vor sich stehen hat, wird man die Suppe zunächst umrühren oder auf den Löffel blasen, bevor man sie ißt. Der Sinneseindruck „Dampf" vermittelt die Qualität „heiß" und erfordert die Reaktion „blasen" mit der Konsequenz „kälter werden". Getestet wird dies durch vorsichtiges Probieren. Voraussetzung dafür ist, daß der Reiz als solcher wahrgenommen und in seiner Bedeutung richtig verstanden wird. Nur dann ist es möglich, adäquat darauf zu reagieren. Zum Bereich der Sensorik oder Wahrnehmung zählt Fischer (1997) folgende Bereiche:

- Sehen/visuelle Wahrnehmung
- Hören/akustische Wahrnehmung
- Tasten/taktile Wahrnehmung
- Riechen/olfaktorische Wahrnehmung
- Schmecken/gustatorische Wahrnehmung
- Druck-, Temperatur- und Schmerzempfinden/somatische Wahrnehmung
- Organempfinden/viscerale Wahrnehmung
- Stellungs-Empfinden/kinästhetische Wahrnehmung
- Lage-, Bewegungs- und Drehbewegungsempfinden/vestibuläre Wahrnehmung

Verschiedene Untersuchungen haben ergeben, daß für viele Wahrnehmungs- und Lernprozesse Bewegungen günstig oder auch unverzichtbar sind. Piaget zeigt durch Beobachtungen, wie eng die Abhängigkeit zwischen der Entwicklung der Wahrnehmung und den motorischen Bewegungen des Kindes ist. Kinder mit Bewegungsbehinderungen können somit weniger Umwelterfahrungen machen als mobile Kinder.

Ein gesundes Kind kann auf einen Ball zu krabbeln, ihn tasten, fühlen, schmecken und aus der Nähe betrachten. Das bewegungsbehinderte Kind schafft dies nicht, es kann sich die Merkmale eines Balles nicht in der gleichen intensiven und vielfältigen Weise aneignen, wenn ihm niemand dabei behilflich ist.

Motorik und Emotion/Kognition

Der Zusammenhang zwischen Motorik und seelischen Vorgängen wird als *Psychomotorik* bezeichnet. Gefühle oder Stimmungen drücken sich in Bewegungen, in der Körperhaltung oder -spannung aus. Psychische Ereignisse wie Aufregung, Streß oder Freude können dazu führen, daß sich die Bewegungsstörungen manifestieren. In Streßsituationen ist uns bekannt, daß wir z.B. unsere Schulterpartie unbewußt hochziehen, anspannen und verkrampfen. Bei Kindern mit spastischen Bewegungsmustern wird durch Freude oder Anstrengung die Spastik verstärkt. Der Kopf gerät z. B. in Überstreckung, die Beine sind gestreckt und die Arme gebeugt. In diesem starren Bewegungsschema ist dann keine gezielte Bewegung mehr möglich.

Das Konzept der Psychomotorik liegt in der Wahrnehmung, im Erleben, im Verstehen und im Umgang mit

- sich selbst und dem Körper, also Förderung der Ich-Kompetenz;
- der materialen Umwelt, also Förderung der Sachkompetenz;
- der personalen Umwelt, also Förderung der Sozialkompetenz (Kuntz 1991, 208).

2.3 Die Entwicklung und Physiologie der Motorik

Hirnreifung

Die Entwicklung der gesamten Motorik basiert auf der Reifung des Zentralen Nervensystems (ZNS). Differenzierte Einzelbewegungen sind vielgestaltig und setzen ein komplexes, funktionstüchtiges System voraus. Darum soll hier ganz kurz auf die neurophysiologischen Grundlagen eingegangen werden.

Am Ende einer Schwangerschaft ist das kindliche Gehirn ausgereift. Nahezu alle Zellen, und noch weit mehr, als benötigt werden, sind für die späteren Funktionen angelegt. Unter Reifung versteht man einen endogen gesteuerten Vorgang, der von äußeren Faktoren weitgehend unabhängig vonstatten geht. Die Zellen sind zum Zeitpunkt der Geburt jedoch so gut wie nicht mehr teilungsfähig, so daß ein eventuell entstandener Defekt nicht durch Nachbildung von Zellen kompensiert werden kann. Nach der Geburt ist die Hirnreifung also so gut wie abgeschlossen. Es werden kaum mehr neue Zellen gebildet.

Durch die Ausbildung von Fortsätzen an den Nervenzellkörpern, den Dendriten und Axonen, können die Nervenzellen untereinander Verbindungen herstellen. Diese Verbindungsstellen, die Synapsen, dienen als Schaltstellen zur Weiterleitung von Reizen in Form elektrischer Impulse. So entsteht ein dichtes Netzwerk zur Informationsverschaltung und -weiterleitung.

Parallel zu diesem Prozeß findet eine sogenannte synaptische Elimination statt: Überzählige Nervenzellen, Dendriten und Synapsen werden abgebaut. Nur die „wichtigen und richtigen" Verbindungen bleiben bestehen. Werden zu viele oder zu wenig Strukturen eliminiert, so kann das ZNS in seinen Funktionen erheblich beeinträchtigt werden.

Um eine rasche Reizweiterleitung zwischen der Peripherie, z. B. einem Muskel, und dem ZNS zu erreichen, werden Myelinscheiden oder Markscheiden ausgebildet. Das sind spezielle Zellen, die in der weißen Substanz des Gehirns vom Stützgewebe, den Oligodendrogliazellen, gebildet werden. Diese wickeln sich um die langen Nervenfasern wie eine Isolierschicht. Zwischen diesen Myelinscheiden befinden sich winzige Lücken, die Ranvier'schen Schnürringe, von denen der elektrische Impuls jeweils zur nächsten Lücke „springt". Dies bedeutet eine erhebliche Zeit- und Energieeinsparung bei der Reizweiterleitung über größere Strecken.

Die physiologische Ausreifung der Myelinscheiden kann an der motorischen Entwicklung des Säuglings abgelesen werden. Denn sie vollzieht sich nach einem genau festgelegten Plan: „Zuerst reifen die Markscheiden kopfnaher, später die der weiter vom Kopf wegführenden Nervenbahnen. Bei der Entwicklung der Motorik ist dies daran ablesbar, daß Kopf und obere Gliedmaßen früher als Rumpf und Beine willkürlich bewegt werden können; der Verlauf der motorischen Entwicklung ist also durch die Markscheidenreifung mit vorgegeben" (Schmidt 1988, 4).

Reflexe

Die ersten Bewegungen im frühen Kindesalter beruhen auf Reflexen, d. h. nicht willkürlich gesteuerten Bewegungsautomatismen. Die Impulse dazu gehen von den subkortikalen, d. h. unterhalb der Hirnrinde liegenden Kernen im Hirnstamm aus. Dieser Bezirk ist unter anderem für die lebenswichtigen Funktionen wie Atmung und Kreislauf zuständig. Die frühkindlichen Reflexe gehören ebenfalls zu diesen elementaren Überlebensstrategien der menschlichen Natur. Sie sind je nach Alter des Kindes verschieden und erfolgen von der Geburt an in einer festgelegten Reihenfolge. Voraussetzungen für die Weiterentwicklung der Reflexe zu komplexeren Bewegungsformen sind (Sowa/Metzler 1988, 10):

- normaler Muskeltonus
- normale Koordination von Haltung und Bewegung
- Fähigkeit der Kontrolle von Haltung und Bewegung gegen die Schwerkraft

„Das Kopfheben in Bauchlage ist die erste Streckung gegen die Schwerkraft (...) Bis zum 6. Monat ist daraus die Streckung von Kopf, Rumpf und Hüften geworden. Das Stützen auf den Unterarmen ermöglicht es z.B. dem Kind, sich aus der Bauchlage aufzurichten und zum Vierfüßlerstand zu kommen" (Sowa/Metzler 1988, 10).

Der Hirnstamm ist beim gesunden Neugeborenen im Gegensatz zum Kortex, einer höheren Hirnregion, vollständig ausgereift und Zentrum der frühkindlichen Reflexe (Flehmig 1996, 12). Diese verschwinden weitestgehend nach den ersten drei Lebensmonaten. Die Reflexe, also die primären Verhaltensmuster, werden mit zunehmender Reifung des Kortex gehemmt und in komplexere, also höhere Bewegungsmuster integriert. Immer größere Bezirke des Kortex sind jetzt bei Bewegungsabläufen beteiligt.

Die Bewegungen eines Neugeborenen laufen zunächst als Massenbewegungen ab, d.h., willkürliche Einzelbewegungen der Arme, Beine oder des Kopfes sind aufgrund der Unreife des Kortex noch nicht möglich. Deutlich kommt dies beim Strampeln eines Säuglings in Rückenlage zum Ausdruck (Peters 1988, 1). Das Baby bewegt den gesamten Körper als eine Masse.

Liegt eine Schädigung der höheren Zentren vor, so persistieren die frühkindlichen Reflexe, d.h., sie werden nicht abgebaut, sondern eventuell sogar dominant. Es können sich keine höheren Bewegungsmuster entwickeln, und das Kind verbleibt in den starren Bewegungsautomatismen.

Um einen Überblick zu geben, wurden die Reflexe der kindlichen Entwicklung der Übersichtlichkeit halber tabellarisch zusammengestellt und nach folgenden Bereichen aufgeteilt:

Reflexe der Nahrungsaufnahme

Die Reflexe der Nahrungsaufnahme sind für das Neugeborene überlebenswichtig. Sie verlieren sich bis auf den Würgreflex jedoch sehr schnell.

Reflexe des Lage- und Bewegungssinns und Haltereflexe

Diese Reflexe gehen einer Aufrichtung in eine höhere Position voraus. Sie haben zunächst noch Schutzfunktion, wie z. B. der palmare Greifreflex, müssen jedoch zur Weiterentwicklung der Bewegungsformen vollständig abgebaut werden.

Tonische Reflexe

Die Aktivität der tonischen Reflexe ruft eine übermäßige Muskelspannung hervor. Durch Änderung der Kopfstellung im Raum oder gegenüber dem Rumpf erfolgt eine voraussagbare Änderung oder Verteilung des Muskeltonus im ganzen Körper. Die tonischen Reflexe werden normalerweise schnell abgebaut.

Stellreflexe

Die Stellreflexe ersetzen die schwindenden tonischen Reflexe. Sie ermöglichen Kopfkontrolle und Rotation und sind somit Grundlage für höhere Bewegungs- und Haltungsmuster. Die Stellreaktionen werden nach und nach in komplexere Muster integriert. Ab dem 10. Monat überwiegen Gleichgewichtsreaktionen. Dies sind komplexe Lageveränderungen des Körperschwerpunktes im Raum. Sie stellen die höchste motorische Funktion des Menschen dar. Sie werden parallel zur feinmotorischen Entwicklung immer weiter perfektioniert und bleiben in der Regel bis zum Lebensende erhalten. (Weiterführende Literatur zu diesem Thema: Flehmig 1996, 13–29; Sowa/Metzler 1988, 11–15; Zink 1986, 545–546; Nachtmann 1995.)

Reflexe der Nahrungsaufnahme

Bezeichnung	Auslösung	Reaktion	Dauer
Rooting-Reflex (Suchreflex)	Stimulation der äußeren Mundwinkel oder der Wange	Kopf wird zur Reizstelle hin bewegt	Geburt bis 3. Monat
Saug-/ Schluckreflex (kombiniert)	Berührung an Gaumen/Lippen	automatisch: 2- bis 3mal saugen, 1mal schlucken, atmen. Wange nach innen, Zunge nach hinten, Mundboden nach unten. Unterdruck. Atmung paßt sich dem Saugen an.	Geburt bis 4./5. Monat
Beißreflex	Stimulation am äußeren Zahnfleisch oder im Mundinnenraum	rhythmisches Öffnen und Schließen des Unterkiefers	bis 6./7. Monat
Würgreflex	Stimulation an der hinteren Zungenhälfte, am harten oder weichen Gaumen	Zunge geht nach vorne, Schlund öffnet und schließt sich rhythmisch (hängt stark mit der Sensibilität im Mundbereich zusammen)	Geburt bis Lebensende

Reflexe des Lage- und Bewegungssinns und Haltereflexe

Bezeichnung	Auslösung	Reaktion	Dauer
palmarer Greifreflex	Zeigefinger von der Ulnarseite in die Hohlhand legen	Hand schließt sich. Beugung aller Finger. Sollte verschwunden sein, wenn Kind beginnt, sich aufzustützen	bis 3. Monat
plantarer Greifreflex	Druck auf Fußballen	Beugung aller Zehen. Sollte bis zum Laufenlernen ganz abgebaut sein (wird ab 6. Monat schwächer)	bis 6. Monat
Galant-Rückgrat-Reflex	Bestreichen des Rückens seitlich der Wirbelsäule	Seitbeugung des Rumpfes. Die Konkavität ist zur Richtung des Stimulus gerichtet. Das Becken wird nach oben gezogen	bis 2./3. Monat
Aufrichtungsreflex	Kind auf die Füße stellen. Plötzlicher Druck auf die Fußsohlen	Streckung beider Beine und automatisches Übernehmen des gesamten Körpergewichts	bis 6. Monat
Schreitreaktion	Kind am Rumpf aufrecht halten, leicht nach vorne beugen. Berührung einer Fußsohle mit der Unterlage	Schreitbewegungen: immer, wenn der Fußballen des einen Fußes die Unterlage berührt, beugt sich das andere Bein (analog: Kriechbewegung in Bauchlage)	bis 2. Monat

Tonische Reflexe

Bezeichnung	Auslösung	Reaktion	Dauer
Mororeflex	abruptes Zurückfallenlassen des Kopfes. Auslösung sonst durch akustische, optische, taktile oder vestibuläre Reize	1. Phase: Abduktion der Arme mit fächerförmigem Fingerspreizen, Öffnen des Mundes 2. Phase: Adduktion der Arme sowie Faust- und Mundschluß	kurz nach der Geburt bis ca. 6. Monat
Tonischer Labyrinthreflex TLR	Reizung des Labyrinths; abhängig von der Stellung des Kopfes im Raum a) Beugung des Kopfes oder Bauchlage b) Rückführung des Kopfes oder Rückenlage	a) Tonuserhöhung der Beugemuskulatur, Mund geschlossen b) Tonuserhöhung der Streckmuskulatur, Mund geöffnet, flache Atmung	bis 3. Monat
Asymmetrisch tonischer Nackenreflex ANTR	Reizung der Propriozeptoren in der Nackenmuskulatur: Drehen des Kopfes zur Seite	Streckung der Extremitäten der Gesichtsseite, Beugung der Extremitäten der Hinterhauptseite	bis 6. Monat
Symmetrisch tonischer Nackenreflex STNR	Reizung der Propriozeptoren in der Nackenmuskulatur: a) Beugung des Kopfes b) Rückführung des Kopfes	a) Beugung der Arme, Streckung der Beine, Mundschluß b) Streckung der Arme, Beugung der Beine, Mundöffnung (Fortbewegung im „Häschenhüpf“)	bis 6. Monat
Landau-Reaktion	Kind wird in horizontaler Schwebelage (Bauchlage) frei im Raum gehalten	Kopf richtet sich in Senkrechte aus, Rumpf und Extremitäten strecken sich in Waagrechte (wichtig für Körperschema)	4.–12. Monat
Sprungbereitschaft	Kind freischwebend in Bauchlage halten, dann Oberkörper rasch absenken (vestibulärer Reiz)	schnelles Vorstrecken der Arme, Abstützen mit geöffneten Händen	ab 5. Monat

Stellreflexe

Bezeichnung	Auslösung	Reaktion	Dauer
Labyrinth-stellreflex auf den Kopf	Legeänderung des Körpers, z. B. Rumpf zur Seite kippen	Kopf wird in vertikale Stellung im Raum gebracht. Ermöglicht Kopfheben und Erlernen der Kopfkontrolle	bis 12. Monat
Hals-oder Nackenstell-reaktion	Reizung der Rezeptoren in der Nackenmuskulatur: in Rückenlage Seitwärtsdrehung des Kopfes	der ganze Körper dreht sich en bloc mit	ab 2. Monat
Körperstell-reaktion auf den Kopf	asymmetrische seitliche Berührung mit der Unterlage	Kopf stellt sich senkrecht ein	ab 4. Monat
Körperstell-reaktion auf den Körper	Seitwärtsdrehung des Kopfes	Schraubenbewegung beim Umdrehen: Rotation zwischen Kopf und Schultergürtel sowie zwischen Schulter- und Beckengürtel	ab 4. Monat
optische Stellreaktionen	optische Reize, Umgebung	für normale Körperhaltung im Raum werden zunehmend auch optische Eindrücke wichtig	ab 6. Monat

3. Infantile Cerebralparese (ICP) als exemplarische Ursache einer ausgedehnten Bewegungsstörung

„Unter einer infantilen Cerebralparese (ICP) versteht man eine sensomotorische Störung als Folge einer frühkindlichen Hirnschädigung“ (Sowa/Metzler 1988, 9–10). Diese zerebrale Bewegungsstörung ist eine Störung sowohl der Haltung als auch der Bewegung des Kindes. Sie ist ein nicht fortschreitendes Leiden, das im Verlauf der frühen Hirnentwicklung erworben wurde (Flehmig 1996, 89–90).

In der Schule für Geistig- oder Körperbehinderte finden wir sehr häufig Kinder mit einer infantilen Cerebralparese. Wir möchten uns in den folgenden Überlegungen deshalb auf solche Kinder beziehen. Sie begegnen uns oft als Kinder, die durch stark erhöhten oder erniedrigten Muskeltonus auffallen.

Die Ursachen einer ICP können sehr verschieden sein. Die Schädigung entsteht prä-, peri- oder postnatal (vor, während oder nach der Geburt) oder ist genetisch bedingt (Flehmig 1996, 76). Neben den multiplen Risikofaktoren (siehe dazu auch Sowa/Metzler 1988, 9–10) stellt die verminderte Sauerstoffzufuhr während der Geburt die gravierendste Gefährdung für das Neugeborene dar. „Schon kurzfristiger Sauerstoffmangel kann zu bleibenden Organschäden des Kindes führen. Hiervon wird besonders das Gehirn betroffen“ (Sowa/Metzler 1988, 76). Ausfälle sind in Bereichen der höheren Hirnregionen zu finden, also in Bereichen, die für differenzierte und komplexe Funktionen zuständig sind, wie z. B. zielgerichtete Bewegung. Die niederen Hirnregionen, also Stammhirn und Pallidum, mit ihren lebenswichtigen Funktionen wie Atmung, Herz-Kreislauf-System, Reflexe, bleiben in der Regel funktionstüchtig. Welche Auswirkungen eine ICP auf die Gesamtentwicklung eines Kindes haben kann, soll Grafik 2 darstellen:

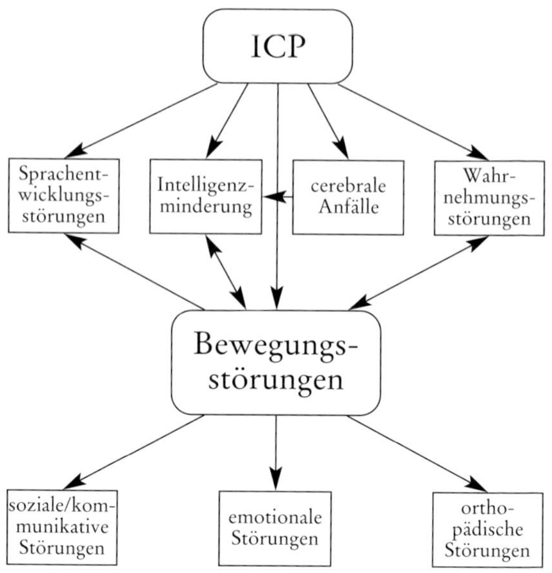

Grafik 2

Das Schema zeigt, daß eine Bewegungsstörung nur eine Ausdrucksform der ICP ist. Neben Bewegungsbeeinträchtigungen finden sich Sprachentwicklungsstörungen, Intelligenzminderung, cerebrale Anfälle und Wahrnehmungsstörungen. All diese Bereiche stehen in enger Wechselbeziehung miteinander, wie die Pfeile anzeigen. Eine Bewegungsstörung kann aufgrund einer Intelligenzminderung hervorgerufen werden, sofern sie nicht primär besteht. Andererseits kann eine Bewegungsstörung auch eine Sprachentwicklungsstörung begünstigen oder sich auf die Wahrnehmungsentwicklung hemmend auswirken. In ihrem engen Beziehungsgeflecht haben diese Störungen Auswirkung auf die soziale, kommunikative, emotionale und physische Entwicklung des Kindes.

3.1 Erscheinungsformen der ICP

Die ICP wird in fünf verschiedene Erscheinungsformen eingeteilt. Dabei gibt es kaum reine Bilder, es überwiegen die Mischformen (Flehmig 1996, 90). (Weitere Literatur zur Aufteilung und zu den folgenden Ausführungen: Flehmig 1996, 90f; Zinke-Wolter 1991, 124f; Sowa/Metzler 1988, 17f; Nachtmann 1995.)

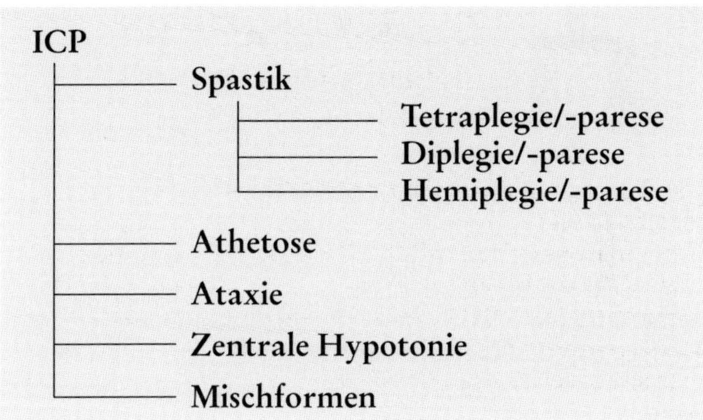

Spastik

„Bei der Spastik besteht ein Hypertonus (übermäßige Körperspannung, Anm. d. V.) der Muskulatur, der eine Fehlkoordination von Bewegung und Haltungsbewahrung bewirkt" (Flehmig 1996, 90). Das Wechselspiel zwischen Anspannung und Entspannung der Muskeln ist gestört. Die Ursache liegt in einer Störung der Pyramidenbahnen, der Nervenbahnen des Zentralen Nervensystems, die in der Großhirnrinde entspringen und im Rückenmark oder in den Muskeln enden. Die Folgen davon sind:

- eingeschränkte motorische Bewegungsfähigkeit
- stereotype Bewegungsmuster
- starre Körperhaltung
- Gleichgewichtsstörungen
- feinmotorische Schwierigkeiten

Tetraplegie

Lokalisation

Erscheinungsbild

Grafik 3: Der gesamte Körper, Kopf, Rumpf und alle vier Extremitäten sind betroffen.
Kopf: Opisthotonus: Der Rumpf ist wegen der überhöhten Muskelspannung nach hinten gebeugt.
Arme: überwiegend in Beuge- und Pronationsstellung, d. h., die Hand ist einwärts gedreht; Hände in Fausthaltung.
Beine: Streck- oder Beugemuster, Innenrotation der Beine, Fußfehlstellungen.

Die Folgen sind:

- Bei stark erhöhtem Muskeltonus ist kaum die Möglichkeit gegeben, in eine höhere Position zu kommen.
- Die Grob- und Feinmotorik ist äußerst stark beeinträchtigt.
- Es kommt immer zu orthopädischen Spätschäden.

Diplegie

Lokalisation

Erscheinungsbild

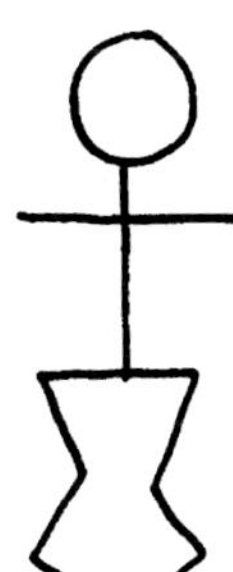

Grafik 4: In der Regel sind die unteren Extremitäten betroffen.
Beine: Hüft- und Knieflexion, Beine in Innenrotation, Fußfehlhaltungen.

Die Folgen sind:

- Eine Aufrichtung in eine höhere Position ist meistens möglich.
- Freies Gehen oder Gehen mit Hilfsmitteln ist spät, aber häufig möglich.
- Es kommt fast immer zu orthopädischen Spätschäden.

Hemiplegie

Lokalisation

Erscheinungsbild

Grafik 5: Es ist nur eine Körperhälfte betroffen. Die oberen Extremitäten sind meistens stärker geschädigt als die unteren.
Arm: in Abduktion (Bewegung weg vom Körper, abgespreizt) oder Adduktion (Bewegung hin zum Körper, angewinkelt), Ellbogen- und Handflexion, Hand in Pronation.
Beine: Innenrotation, häufig Streckmuster, Fußfehlstellungen.

Die Folgen sind:

- Feinmotorische Fingerbewegungen sind oft nicht möglich.
- Beidhändige Tätigkeiten sind fast nicht möglich und stark erschwert.
- Ein freies Gehen ist meistens möglich.
- Häufig finden sich Gleichgewichtsstörungen.
- Es kommt oft zu orthopädischen Spätschäden.

Athetose

Bei der Athetose (gr.: athetos: ohne feste Stellung) besteht eine wechselnde Muskelspannung aufgrund einer Schädigung der Stamm- und Basalganglien. Im Ruhezustand ist die Spannung zu niedrig und in der Bewegung sehr schwankend. Es sind „langsame, bizarre, geschraubte, z. T. überdehnte Bewegungsabnormitäten" (Zink 1986, 145). „Das Kind scheint keine feste Position einnehmen zu können. Je mehr es sich darum willentlich bemüht, desto schlechter gelingt es ihm“ (Flehmig 1996, 91). Auffällig sind die Streck-, Dreh- und wurmförmigen Bewegungen der Extremitätenenden sowie ausfahrende Bewegungen mit allgemein fehlender Stabilität und mangelnder Fähigkeit, eine Mittelstellung zu halten. Es ist der ganze Körper betroffen. Aktivitäten oder Emotionen verstärken die willkürlichen Bewegungen. Einschießende Spasmen und tonische Reflexaktivitäten sind oft stark ausgeprägt. Die Folgen sind:

- Die Kopfkontrolle ist sehr erschwert. Dadurch kommen die Kinder nur mühsam in höhere Positionen.
- Es bestehen Schwierigkeiten bei der Nahrungsaufnahme und der Artikulation.
- Die Gleichgewichtskontrolle ist stark beeinträchtigt.
- Das Gehen ist nur bei leichten Formen und dann erst sehr spät möglich.
- Fast immer kommt es zu orthopädischen Spätschäden.

Ataxie

Der Ataxie (gr.: ohne Ordnung) liegt eine Schädigung des Kleinhirns zugrunde. Sie äußert sich in einer hypotonen, d.h. verminderten, Grundspannung der Muskulatur. Hauptsymptom ist der Intentionstremor, das Zittern beim Ansetzen einer willkürlichen Bewegung. In Ruhestellung ist der Tremor nicht sichtbar, das Zittern wird jedoch bei jeder kleinsten Bewegung des Kopfes oder der Extremitäten bemerkbar. Die Bewegungen sind dysmetrisch, sie wirken unökonomisch und unflüssig. Dem gesamten Bewegungsablauf fehlt es an Zielsicherheit. Die Folgen sind:

- Es besteht eine mangelhafte Bewegungskoordination.
- Es finden sich erhebliche Gleichgewichtsstörungen.
- Die feinmotorischen Fähigkeiten sind stark eingeschränkt.
- Die Sprache wirkt auffällig durch eine Dysarthrie.
- Das Gehen ist häufig möglich.
- Es kommt häufig zu orthopädischen Spätschäden.

Zentrale Hypotonie

Bei der zentralen Hypotonie ist eine gesteuerte Bewegungskoordination unmöglich. Beim Versuch einer Bewegung fällt diese extrem überschießend und ausfahrend aus. Die Folgen sind:

- ➢ Eine Aufrichtung in eine höhere Position ist unmöglich.
- ➢ Es ergibt sich eine starke Einschränkung in der gesamten Wahrnehmung, insbesondere der psychomotorischen.

Mischformen

Die bisher besprochenen Formen der ICP treten häufig nicht in ihrer reinen Ausprägung auf, die Mischformen überwiegen. Sie drücken sich in mangelhafter Bewegungskoordination aus. Dabei sind so gut wie alle Kombinationen möglich. Bei Kindern mit schwerster Behinderung kommen noch weitere pathologische Faktoren hinzu:

- ➢ Frühkindliche Reflexe persistieren, d. h., sie werden beibehalten und manifestieren sich jetzt als pathologische Reflexe. Diese hemmen das Lernen und Ausführen differenzierterer Bewegungsmuster.
- ➢ Die tonischen Reflexe dominieren, d. h., sie treten häufig auf und verhindern gezielte Bewegungen.

Eine schwere Hypotonie macht es einem Kind außerdem fast unmöglich, willentlich Bewegungen auszuführen. Die Muskelspannung reicht dazu nicht aus.

4. Bedeutung der Therapie bei Kindern und Jugendlichen mit schwerster Behinderung

Im Alltag von Kindern und Jugendlichen mit schwerster Behinderung nimmt die Therapie einen zentralen Stellenwert ein. In bezug auf unsere Arbeit meinen wir damit, falls nicht anders angegeben, eine krankengymnastische Übungsbehandlung. Die Therapie ist aus dem Alltag von Kindern mit Bewegungsstörungen nicht wegzudenken. Zeitlebens benötigen sie eine „Weiterführung der Übungsprogramme, um die bestehenden (motorischen, Anm. d. V.) Möglichkeiten zu erhalten" (Feldkamp 1983, 69). „Die krankengymnastische Übungsbehandlung mit Behinderten dient zunächst der Muskelkräftigung und -dehnung sowie dem Beweglichmachen der Gelenke, um Kontrakturen durch Fehlhaltungen vorzubeugen" (Baerecke/Weidinger 1991, 79). Sie stellt eine „Ausgleichsübung zur Behebung von Haltungsfehlern und Bewegungsstörungen" (Aschoff 1973, 56) dar.

Bei Kindern mit ICP besteht aus medizinischer Sicht ein unphysiologischer Muskeltonus mit abwegigen, starren Bewegungsmustern. Eine krankengymnastische Übungsbehandlung ist unabdingbar, um Sekundärschäden einzugrenzen. Deformationen der Knochen oder der Wirbelsäule, *Luxation* (Verdrehen oder Ausrenken) von Gelenken oder Muskel*dystrophie* (Muskelabbau infolge ungenügender Beanspruchung) können so verhindert, hinausgezögert oder in ihrem Ausprägungsgrad verringert werden.

Ebert betont jedoch, daß es in der krankengymnastischen Betreuung behinderter Kinder „*nicht nur* um die Verbesserung der Motorik" geht, sondern „vielmehr darum, daß wir (die Krankengymnastinnen, Anm. d. V.) mit unserer Behandlung zu einer guten Gesamtpersönlichkeitsentwicklung des behinderten Kindes beitragen" (1986, 292). Dies trifft einen wichtigen Punkt der therapeutischen Behandlung. Sie stellt nicht nur eine isolierte Bewegungsschulung dar, sondern greift weit und umfassend in die Entwicklung und Persönlichkeit des Kindes ein. Die therapeutische Behandlung muß daher unter dem Aspekt der Ganzheitlichkeit erfolgen. Läßt man die Persönlichkeit des Kindes und seine Bedürfnisse außer acht, können weitere Störungen in der kindlichen Entwicklung auftreten. Nur mit einer verantwortungsvollen krankengymnastischen Behandlung ist dies zu verhindern. „Einer gegebenen Behinderung eine zweite hinzuzufügen, verbietet sich“ (Ebert 1986, 295).

Die Krankengymnastin ist somit nicht nur behandelnde Therapeutin, sondern stellt eine wichtige Bezugsperson und Interaktionspartnerin für das behinderte Kind dar. Sie muß auf seine momentane Befindlichkeit eingehen, mit ihm kommunizieren und eine Vertrauensbasis schaffen und erhalten.

Ihre Arbeit mit dem Kind ist stark geprägt von zeitlichem Druck und Verantwortung, denn „was in den ersten drei Jahren motorisch nicht gelernt wird, wird nie mehr gelernt oder nicht mehr in der gewünschten Qualität“ (Ebert 1986, 295). Diese Einstellung kann laut Ebert schnell dazu führen, daß „das Kind den Behandlungstechniken angepaßt wird“ (S. 295) und nicht umgekehrt die Behandlungsmethode sich an den Bedürfnissen und Möglichkeiten des Kindes orientiert. Letzteres ist bei Kindern mit schwerster Behinderung besonders wichtig, „da die individuelle Ausprägung der zusammentreffenden Behinderungen und deren Erscheinungsformen einer besonders großen Bandbreite unterliegen“ (Baerecke/Weidinger 1991, 79). Krankengymnastische Therapie beruht daher auf Individualität.

Die Anpassung der Therapie an das einzelne Kind bestätigt sich selbst durch den Erfolg. Ebert meint dazu: „Das Lernen von Bewegungen kommt um so besser zustande, wenn es sich langsam, gut dosiert, aus schon Gekonntem heraus entwickeln kann und von demselben unterstützt wird“ (1986, 297).

Das Hauptaugenmerk bei einem Kind mit schwerster Behinderung liegt nicht so sehr darauf, welche Lernfortschritte es in seiner motorischen Bewegungsfähigkeit macht. Ein Schwerpunkt der krankengymnastischen Übungsbehandlung ist vielmehr die *Prophylaxe* von Spätschäden. Ein weiterer Schwerpunkt ist in der „Verbesserung der Körperwahrnehmung, der Körperhaltung und der Ermöglichung zielgerichteter Bewegungen" (Baerecke/Weidinger 1991, 80) zu sehen .

Da die Schädigung bei einer ICP im Gehirn und ZNS lokalisiert ist, muß die Therapie nach neurophysiologischen Grundsätzen aufgebaut sein, wie dies bei den therapeutischen Ansätzen von Bobath und Vojta der Fall ist. Sie knüpfen unter anderem an den jeweiligen Entwicklungsstand des Kindes an. Bei der Behandlung ist es wichtig, die „richtige" Methode anzuwenden, d. h. Verhalten, Fähigkeiten und Fortschritte des Kindes müssen stets genau beobachtet, reflektiert und mit der Ausgangssituation verglichen werden, um die Effektivität bzw. Ineffektivität einer Therapie zu erkennen.

Ausschlaggebend für eine erfolgreiche Therapie ist der Zeitfaktor. Je früher und regelmäßiger, desto besser, denn die Erfahrung zeigt, „daß das behandelte Kind, besonders wenn die Behandlung frühzeitig eingesetzt hat, eine wesentlich günstigere Situation zeigt als das unbehandelte" (Feldkamp 1983, 68). Baerecke/Weidinger betonen dies ebenfalls: „Je früher die Behandlung einsetzt, um so effektiver können krankhafte Bewegungsmuster gestoppt oder eventuell rückgängig gemacht werden und unerwünschte Reflexabläufe positiv beeinflußt oder verhindert werden" (1991, 81).

Die Rolle der frühzeitigen Intervention liegt darin begründet, daß das ZNS des Säuglings eine sog. Plastizität aufweist. Das Gehirn ist zu diesem frühen Zeitpunkt noch in der Lage, Funktionsausfälle zu kompensieren, indem andere Gehirnregionen die betroffenen Funktionen ganz oder teilweise übernehmen. Längst bekannt ist auch, wie wichtig Umweltreize und die Stimulation des ZNS und des gesamten Organismus, z.B. durch krankengymnastische Übungsbehandlung, sind (Schlack 1986, 260). Frühintervention und Frühbehandlung haben damit Präventionsfunktion.

Inwieweit eine krankengymnastische Behandlung bei einem Kind erforderlich ist, hängt von der Art und dem Schweregrad der Störung in der motorischen Entwicklung des Kindes ab. Eindeutig wissenschaftlich fundiert ist eine Behandlungsindikation bei cerebralen Bewegungsstörungen (Wechselberg 1986, 274). „Ist die Indikation zur Frühbehandlung gestellt, werden (...) Krankengymnastinnen und Therapeuten verschiedener Disziplinen (...) die Arbeit mit dem Säugling (...) unverzüglich aufnehmen" (Wechselberg 1986, 276).

Zusammenfassend kann gesagt werden, daß eine krankengymnastische Therapie für ein Kind mit schwerster Behinderung, hier ICP, unverzichtbarer Bestandteil seines Alltags ist. Eine optimale Therapie beruht auf folgenden Grundsätzen:

- **Sie geschieht immer im Sinne einer ganzheitlichen Förderung des Kindes.**
- **Sie richtet sich nach den individuellen Bedürfnissen des Kindes.**
- **Sie dient der Prophylaxe von Spätschäden.**
- **Sie fördert die Körperwahrnehmung und -haltung.**
- **Sie basiert auf neurophysiologischen Erkenntnissen.**
- **Sie beginnt so früh als möglich im Leben eines behinderten Kindes.**

5. Therapie und Unterricht

5.1 Einbeziehung therapeutischer Maßnahmen in den Unterricht

Bewegungsunterstützende Maßnahmen sind Gegenstand einer krankengymnastischen Therapie. Einzelne Teilbereiche werden jedoch auch von Personen anderer Berufsgruppen übernommen und im alltäglichen Umgang mit Kindern mit schwerster Behinderung angewendet, z.B. im Unterricht. Die Wichtigkeit solcher Maßnahmen zeigen Baerecke/Weidinger auf: „Entsprechend der genauen Kenntnis von bewegungstechnischen Besonderheiten verschiedener Behinderungsformen, ermöglicht die Krankengymnastik mit den Methoden der Bewegungserleichterung günstige Ausgangshaltungen für den Schwerstbehinderten, damit ihm zielgerichtete Bewegungen leichter beziehungsweise überhaupt möglich werden. Das Ziel der Bewegungserleichterung besteht darin, dem behinderten Menschen eine bessere Kopfkontrolle, Arm- und Handbewegungen sowie Auge-Hand-Koordination zu eröffnen. Nicht zuletzt helfen diese Methoden oft, lebensnotwendige Bedürfnisse, wie z.B. Atmen, Schlucken, Trinken und Essen, zu erleichtern bzw. ohne technische Hilfsmittel durchzuführen“ (1991, 80).

Da die Krankengymnastin nur eine verschwindend geringe Zeit am Tag mit einem behinderten Kind arbeitet, in der Regel nicht mehr als eine halbe Stunde, ist es unserer Ansicht nach unumgänglich, daß sämtliche anderen Bezugspersonen einen kleinen Teil der Rolle der Krankengymnastin übernehmen können. Sonderschullehrerinnen werden die volle krankengymnastische Kompetenz sicher nicht erreichen, was auch gar nicht nötig ist. Es ist jedoch undenkbar, Lagerung, Bewegungsunterstützung und Einsatz von Hilfsmitteln ausschließlich einer krankengymnastischen Fachkraft zu überlassen. In den Zeiten außerhalb ihres Betreuungstermins muß dem schwerstbehinderten Kind genauso die Möglichkeit gegeben werden, eine optimale Körperstellung, einen Lagewechsel oder ein Bewegungsangebot zu erhalten oder wahrzunehmen.

Ersetzt man ganz konkret in oben stehendem Zitat den Begriff *Krankengymnastik* durch *Lehrerin,* so ergibt sich, was in der Praxis schon weitgehend umgesetzt wird: Die Lehrerin lagert und bewegt das Kind und unterstützt es in seiner Haltung.

Eine ihrer grundlegenden Aufgaben ist es, die optimale Lagerung für das Kind zu finden. Dem Kind muß eine gute Ausgangsposition für unterrichtliche Tätigkeiten wie Wahrnehmung, Nahrungsaufnahme, zielgerichtete Bewegung oder Entspannung gewährleistet werden. Denn es kann nur dann Aktivitäten wahrnehmen und sich auf das Geschehen im Unterricht einlassen, wenn es sich in seiner momentanen Körperhaltung wohl fühlt und diese der angebotenen oder erwarteten Tätigkeit angemessen ist. Dies ist nur dann möglich, wenn das Kind wenig Schmerzen hat, entspannt liegt und in der eingenommenen Position Bewegungen ausführen kann, z. B. den Kopf in Richtung einer Schallquelle drehen oder die Hände bewegen, um einen Gegenstand zu greifen.

Als einfachstes Beispiel möchten wir zum Vergleich unsere eigene Körperhaltung anführen. Zum Schlafen legen wir uns in der Regel flach auf eine Unterlage, wie Sofa oder Bett. Zum Essen dagegen nehmen wir normalerweise eine sitzende oder stehende, zumindest eine aufrechtere Haltung ein.

Dasselbe muß auch bei einem Kind mit schwerster Behinderung geschehen. Falls es nicht selbständig in eine höhere Position, z. B. Sitzen, gelangen kann und keine medizinische Kontraindikation besteht, wie die Gefahr von Spontanfrakturen, muß die Lehrerin ihm eine adäquate Haltung ermöglichen. Das Kind soll nicht in einer liegenden Position gefüttert werden, vorausgesetzt es kann Nahrung schlucken. Hier muß ganz gezielt mit entsprechenden Lagerungshilfsmitteln oder durch den Einsatz des eigenen Körpers das Kind in eine aufrechtere Position gebracht werden. Auf diese Weise kann es ohne zusätzliche Anstrengung den Kopf halten oder essen, wobei Gefahren wie Aspiration (wenn Flüssigkeit oder Nahrung in die Lunge gelangen) weitestgehend vermieden werden.

Wir halten hier fest: *Eine optimale Lagerung ist Grundlage und Voraussetzung eines jeden unterrichtlichen Handelns.*

Wichtig ist, daß nicht nur das Kind in einer guten und entsprechenden Haltung gelagert wird, sondern daß auch die Lehrerin eine für sie bequeme und geeignete Position findet, in der sie über längere Zeit verbleiben kann, ohne daß der Rücken schmerzt oder die Beine einschlafen. Oftmals muß man viele verschiedene Möglichkeiten ausprobieren, um ein zufriedenstellendes Ergebnis für beide Seiten, Kind und Lehrerin, zu erreichen. Durch Rücksprache mit der Krankengymnastin, die das Kind betreut, kann die Lehrerin wichtige Informationen oder Tips für die eigene praktische Umsetzung erhalten.

Im Hinblick auf eine bestimmte Aktivität muß jede Lagerung des Kindes eine bewegungsunterstützende Funktion haben, die ganz speziell auf das Kind, sein jeweils individuelles Bedürfnis und seine momentane Verfassung abgestimmt ist. Dies fordert von der Lehrerin, daß sie:

- über die Behinderungsform des Kindes genau informiert ist;
- über den momentanen Entwicklungsstand des Kindes Bescheid weiß;
- über Kenntnisse der verschiedenen Bewegungstechniken und die Fertigkeit zu deren Anwendung bei den unterschiedlichen Behinderungsformen verfügt;
- sich in der sachgemäßen Handhabung von Hilfsmitteln auskennt und sie sinnvoll einsetzen kann.

Dies ist von großer Bedeutung, da bei unsachgemäßer Lagerung oder falscher Anwendung von Hilfsmitteln pathologische Reflexe beim Kind hervorgerufen werden oder sogar Schmerzen und Druckstellen entstehen können.

In Anlehnung an Schön (1988) möchten wir einige Bereiche aufzeigen, in denen Elemente aus der Krankengymnastik fast selbstverständlich in den sonderpädagogischen Unterricht einfließen. Es ist denkbar, eine krankengymnastische Übungsbehandlung in räumlicher, zeitlicher und personaler Hinsicht aus dem Alltagsgeschehen herauszunehmen und als isolierte Handlung stattfinden zu lassen. Die restliche Zeit des Tages, der Alltag schlechthin, den das Kind mit schwerster Behinderung z.B. in der Wohngruppe oder der Schule verbringt, kommt dagegen *nicht* ohne Teilbereiche der Krankengymnastik aus. Schulischer Unterricht beinhaltet stets Bereiche aus der Krankengymnastik. Schön formuliert das Ineinandergreifen dieser zwei Bereiche als Forderung: „Bestimmte Elemente aus der Krankengymnastik müssen in die Förderung integriert werden, damit Förderung überhaupt möglich wird" (1988, 111). Schön zeigt damit den kausalen Zusammenhang zwischen beiden Bereichen auf: Förderung ohne Krankengymnastik ist nicht möglich, da erst die Krankengymnastik eine entsprechende Voraussetzung für Förderung schafft.

Es ist hier nochmals zu betonen, daß nur Teilbereiche aus der Krankengymnastik nach intensiver Anleitung übernommen werden können, denn „in allen (...) Fällen sind solche speziellen Übungen Aufgabe der Krankengymnastik. Und es ist (...) gut, wenn man die Aufgaben der Therapie nicht mit den Aufgaben der Förderung durcheinanderwirft (...). Es kann nicht die Aufgabe der Förderkraft sein, die Krankengymnastin zu ersetzen oder zu kopieren" (Schön 1988, 123).

Sechs Bereiche können aus der Krankengymnastik in die Förderung übernommen werden (Schön 1988, 112): Gewinnung günstiger Ausgangsstellungen für Aktivitäten, Lockerung, Atmung, Vermittlung eines Körperbewußtseins und eines Körperschemas, Einschleifen zweckmäßiger Bewegungsabläufe und Kräftigung der Muskulatur. Im folgenden werden diese Bereiche in Anlehnung an Schön näher erläutert.

Gewinnung günstiger Ausgangsstellungen für Aktivitäten

Kinder mit schwersten Bewegungsstörungen sind oftmals nicht in der Lage, selbständig einen Haltungswechsel zu vollziehen oder sich gegen die Schwerkraft aufzurichten. Schon um einem Dekubitus (Wundliegen) vorzubeugen oder eine gute Lungenbelüftung zu erreichen, ist es nötig, daß das Kind von seiner Betreuungsperson, hier der Lehrerin, in maximal zweistündigem Abstand regelmäßig in andere Positionen gelagert wird. Durch seine Immobilität behindert, kann das Kind sich nur unzureichend ein Bild von dem Raum machen, in dem es sich befindet. In Rückenlage sieht das Kind in der Regel nur die Decke, in Seitlage eingeschränkt die allernächste Umgebung. Um dem Kind Raumerfahrungen zu ermöglichen, ist es sinnvoll, es abwechselnd auf verschieden hohen Ebenen zu lagern: auf dem Boden, auf einer Matratze, im Rollstuhl, in der Schaukel oder Hängematte. So wird es dem Kind ermöglicht, den Raum aus verschiedenen Blickwinkeln wahrzunehmen und kennenzulernen. Dies kann sein Interesse am Geschehen im Klassenzimmer wecken, vorausgesetzt, es wurde für die jeweilige Situation entsprechend sinnvoll gelagert. „Wenn wir (…) mit Hilfe der Krankengymnastik lernen, wie man ein Kind zweckmäßig lagert, dann erlebt man manchmal, daß es doch nicht völlig teilnahmslos ist, sondern sehr wohl Interesse hat, etwas zu tun und sich mit Dingen zu beschäftigen" (Schön 1988, 113). Hierzu noch einige Beispiele:

Durch *Bauchlagerung* auf einem *Spastikerball* erhält das Kind eine Sicht von oben, z. B. auf Spielsachen. Nacken-, Schulter- und Rückenmuskulatur werden entspannt und gedehnt. Die Hände sind frei, um Gegenstände zu greifen oder Materialien zu spüren. Ähnliches gilt für die Bauchlage auf einer *Rolle* oder einem *Keil.* Mit ihrer Hilfe kann das Kind seine Hände ohne größere Anstrengung zum Greifen oder Berühren von Gegenständen einsetzen. In jedem Fall ist die Größe des jeweiligen Hilfsmittels auf die Körpergröße des Kindes und die beabsichtigten Aktionen abzustimmen.

Eine *Seitlagerung* mit entsprechender Unterstützung von Kopf, Rücken, Beinen und evtl. obenliegendem Arm durch *Re-*

lax-Pillows, Kissen oder ähnliche Hilfsmittel ermöglicht dem Kind, Gegenstände in unmittelbarer Nähe seiner Augen zu fixieren. Diese Haltung erlaubt ihm oft auch, die Hände aneinanderzubringen und dadurch den Körper besser kennenzulernen oder Gegenstände zu greifen bzw. mit ihnen zu spielen.

Die *Rückenlage* dient häufig zur Entspannung oder wird in Verbindung mit einer schiefen Ebene, durch unterschiedlichste Hilfsmittel gestaltet, oder mit speziellen *Sitzschalen* im Rahmen der Nahrungsaufnahme oder Mundpflege angewendet. Bei erhöhtem Oberkörper stellt sie eine ideale Ausgangslage für eine gute Atmung dar. Die Gefahr der Aspiration ist jedoch hier am größten, und für das Kind muß daher, wie in jeder Position, eine ständige Beobachtung durch die Lehrerin gewährleistet sein.

Lockerung

Ein Kind mit einer extremen Bewegungseinschränkung verbleibt oft über längere Zeit in einer bestimmten Haltung – so lange, bis die Lehrerin es anders lagert oder es in den Arm nimmt. Durch diese Bewegungsarmut werden Bewegungen für das Kind sehr anstrengend, seine Muskeln und Gelenke sind oft steif und verspannt. Hinzu kommen häufig einschießende Spasmen und schon vorhandene Kontrakturen, die dem Kind zusätzlich zielgerichtete Aktivitäten erschweren. Daher ist es nötig, das Kind so häufig wie möglich zu lockern, damit es sich anschließend besser bewegen kann (Schön 1988, 115). Die Lehrerin versucht dies durch *Schüttelungen, Schaukeln, Vibration* oder *Massage*.

Am effektivsten gelingt das Lockern im körpernahen Umgang mit dem Kind, d.h., wenn das Kind Geborgenheit, Wärme, direkte Ansprache, Berührung und Wohlbefinden erfahren kann.

Die verschiedenen Möglichkeiten und Techniken von *Schüttelungen* kann die Lehrerin von der Krankengymnastin erlernen. Doch fast instinktiv wird sie ein Kind wie ein Baby in den Arm nehmen, schaukeln, mehr oder weniger stark schütteln und mit ihm sprechen, um ihm ein entspanntes Gefühl und Wohlbefinden zu vermitteln. Dieser körpernahe Umgang mit dem Kind ist nach Möglichkeit jeder anderen Technik vorzuziehen. Denn nur wenn die Lehrerin das Kind im Arm hält, kann sie nach einiger Übung nicht nur sehen, sondern auch spüren, ob das Kind locker und entspannt ist. Sie kann es so ganz unmittelbar reflexhemmend halten und beim Einschießen pathologischer Bewegungsmuster, wie z. B. Opisthotonus oder Streckkrampf der Beine, sofort reagieren, indem sie den Kopf wieder nach vorne bzw. die Beine in Beugehaltung bringt.

Schüttelungen am liegenden Kind sind u. a. möglich, indem man den Kopf oder die Füße umfaßt und von dort aus kleinste Bewegungsimpulse ausführt. Die Bewegung kann auch an der Hüfte oder am Schultergürtel angesetzt werden. Die Impulse wandern durch den ganzen Körper und bewirken eine Lockerung der Muskulatur.

Schaukeln kann man ein Kind entweder direkt im Arm oder wenn es auf den Oberschenkeln gehalten wird. Die Lehrerin sitzt dabei z. B. im Schneidersitz und kann durch Bewegen der Beine oder des ganzen Körpers das Kind schaukeln. Das rhythmische Hin- und Herbewegen hat eine beruhigende und entspannende Wirkung auf das Kind. Unter Zuhilfenahme von Schaukel, Hängematte, Schaukelschale oder Wippe können dem Kind ebenfalls solche vestibulären Reize angeboten werden.

Atmung

Kinder mit schwersten Bewegungsstörungen befinden sich von Geburt an vorwiegend in einer liegenden Haltung. Dies hat zur Folge, daß die Lunge sich im Laufe der Entwicklung nur mangelhaft entfalten kann und die Atemmuskulatur schlecht ausgebildet wird. Der Brustkorb ist meist flach, und bei zunehmendem Alter kann sich ein Rundrücken ausbilden, so daß eine tiefe und physiologische Atmung oft nicht möglich ist. Eine unphysiologische Atmung hat jedoch „Auswirkungen auf den gesamten Stoffwechsel, auf die Belastbarkeit der Kinder und auf deren Abwehrlage. Deshalb ist es nützlich, wenn die Förderkräfte soweit in die Technik der Atemübungen eingewiesen sind, daß sie diese in ihre Förderung einbeziehen können" (Schön 1988, 116).

Ist ein Kind aufgeregt, so erhöht sich seine Atemfrequenz zusehends. Beruhigend wirkt es dann auf das Kind, wenn die Lehrerin die flache Hand fest auf seinen Brustkorb legt und die Ausatemphase durch etwas stärkeren Druck auf den Brustkorb mit der flachen Hand unterstützt. Die Atmung wird nach einiger Zeit regelmäßiger und langsamer.

Ist ein Kind stark verschleimt, sollte man es möglichst in Seiten- oder Bauchlage bringen, damit das Sekret nicht die Atemwege zusätzlich behindert. Zum tieferen Durchatmen ist eine Oberkörper-Hochlagerung angebracht. Bei jeder Umlagerung des Kindes werden auch andere Teile der Lunge belüftet, so daß regelmäßige Lageänderungen für das Kind gleichzeitig eine Pneumonieprophylaxe (vorsorgliche Verhütung einer Lungenentzündung) darstellen.

Vermittlung eines Körperbewußtseins und eines Körperschemas

Aufgrund von hyper- oder hypotoner Muskelspannung ist es einem Kind mit ICP nur sehr eingeschränkt möglich, seinen Körper selbständig kennenzulernen. Wenn es seine Arme und Hände nicht gezielt bewegen kann, kann es seinen Körper nicht bewußt erfühlen. Aufgabe der Lehrerin ist es nun, dem Kind ein Körperbewußtsein und die Erfahrung eines Körperschemas zu ermöglichen. Dies kann im Rahmen der morgendlichen Begrüßung erfolgen, indem das „ganze“ Kind begrüßt wird: Angefangen von den Zehen bis hin zum Kopf werden alle Körperteile berührt, massiert oder beklopft, so daß das Kind seine eigene physische Begrenzung erfährt.

Bei dieser Art von Wahrnehmungsförderung werden Reize aus dem Bereich der Oberflächen- und Tiefensensibilität vermittelt. Das Kind erfährt Druck, Kraft, Bewegung und Lageveränderungen. Auch das Durchbewegen der Gelenke trägt zu einem Körperbewußtsein bei. Vor allem die Hüfte ist bei einem Kind mit ICP oft sehr steif. Durch Dreh- und Rotationsbewegungen, eventuell zusammen mit oder entgegen dem Schultergürtel, oder durch

Beugen und Strecken erfährt das Kind primäre Bewegungsmuster, die es aktiv und selbständig gar nicht durchführen könnte.

Alle Bewegungsübungen mit und an dem Kind sollten selbstverständlich von Sprechen begleitet sein. Nur dieses handlungsbegleitende Sprechen zusammen mit Blick- und Körperkontakt kann als ganzheitliche Situation gesehen und sollte immer angestrebt werden. Es soll immer *das ganze Kind* mit all seinen Sinnen angesprochen werden. Eine isolierte „Behandlung" eines Beines entspricht nicht diesem Denken.

Beim Durchbewegen muß das Kind stets genau beobachtet werden, um zu erkennen, ob ihm Bewegungen Schmerzen verursachen. Bei bestimmten Bewegungen zeigt das Kind eventuell Freude, im allgemeinen jedoch sichtliche Aufmerksamkeit. Denn das, was mit oder an ihm geschieht, kann es ganz unmittelbar am eigenen Körper wahrnehmen und konzentriert verfolgen. Dauer und Intensität müssen auf jeden Fall den Fähigkeiten, Leistungen und momentanen Bedürfnissen des einzelnen Kindes angepaßt sein.

Einschleifen zweckmäßiger Bewegungsabläufe

Das Einschleifen zweckmäßiger Bewegungsabläufe gehört zunächst in die krankengymnastische Übungsbehandlung, jedoch lassen sich einzelne Elemente als geplante Lernsituation in das Unterrichtsgeschehen integrieren. Ein Kind mit ICP ist oft erheblich in seinen Bewegungsformen eingeschränkt. Es muß viele Bewegungsabläufe erst mühsam lernen, indem z. B. die Therapeutin seine Hand, die den Löffel hält, zu seinem Mund führt. Auf diese Art lernt es, Bewegungen passiv auszuführen, sie also noch nicht willkürlich und selbständig zu steuern. Durch häufiges Wiederholen des gleichen Bewegungsmusters werden die Bewegungsabläufe nach und nach verinnerlicht, sie schleifen sich ein. Das Ziel ist, daß das Kind dieses Bewegungsmuster einmal selbständig oder zumindest ansatzweise selbständig ausführen kann. Es hat dann die Bewegung gelernt.

„Je seltener es (das Kind, Anm. d. V.) sich richtig bewegt, desto geringer ist die Chance, dies richtig zu lernen. Je häufiger es sich richtig bewegt, desto sicherer prägt sich das Muster ein. Darum muß um der Zukunft des Kindes willen darauf geachtet werden, daß im Laufe des Tages alle Möglichkeiten zu richtiger Bewegung genutzt werden" (Schön 1988, 120).

Im Unterricht kann das Kind zusammen mit der Lehrerin diese wichtige Übung ebenfalls durchführen, z.B. während des Frühstücks oder in der Kochstunde. Zunächst wird es auch passiv, mit Hilfe der Lehrerin, den Löffel zum Mund führen und nach einiger Zeit, d. h. nach Monaten bis Jahren, eventuell so weit sein, relativ selbständig mit dem Löffel zu essen.

In gleicher Weise können Übungen wie Kopfkontrolle oder Kopfdrehen im Rahmen der Wahrnehmungsförderung oder ein Bewegungsmuster zur Fortbewegung in eine Unterrichtsstunde mit einfließen.

Es ist wohl darauf zu achten, daß aus der Unterrichtsstunde keine krankengymnastische Übungsstunde wird. Die krankengymnastische Therapie gehört in die Hände einer Krankengymnastin. Die Lehrerin sollte jedoch im Hinblick auf die schulischen Fördermöglichkeiten dem Kind möglichst viele Chancen zur Übung und Differenzierung von Bewegungsmustern im Unterricht einräumen. Gerade bei Kindern mit Bewegungsstörungen stellt dies eine unverzichtbare Maßnahme dar, wenn man größtmögliche Selbständigkeit und Selbstbestimmung des Kindes zum Ziel hat.

Kräftigung der Muskulatur

Eine Kräftigung der Muskulatur kann durchaus im Unterricht, also nicht nur als gezielte krankengymnastische Fördermaßnahme, erfolgen. Dies ist durch das richtige Handling des Kindes möglich. Als Beispiel soll die Kräftigung der Nackenmuskulatur angeführt werden. In den verschiedensten Unterrichtssituationen werden Kinder aus dem Liegen aufgenommen und in eine andere Position gebracht. Faßt die Lehrerin das Kind falsch an, so daß beim Hochheben aus der Rückenlage der Kopf des Kindes nach hinten fällt bzw. in Bauchlage nach unten, so verursacht dies dem Kind einerseits Schmerzen, und die Lehrerin ist andererseits damit beschäftigt, den Kopf abzustützen, um ihn vor Aufprall oder ähnlichem zu schützen. Hat die Lehrerin nun das richtige Handling gelernt, nämlich das Kind über die Seitlage aufzunehmen, so wird dem Kind unweigerlich die Möglichkeit gegeben, die Nackenmuskulatur anzuspannen und diese Muskelpartie unwillkürlich zu trainieren. Wird diese Art des Handlings von jeder Betreuungsperson beherrscht, so ergeben sich für das Kind unzählige Übungssituationen über den ganzen Tag verteilt.

Auch hier gilt die Regel: lieber öfters am Tag wenig üben als einmal in der Woche viel. Das stete Üben erzielt den besten Erfolg und ist in der Regel für das Kind weniger anstrengend als kompakte Übungssequenzen. Im alltäglichen Umgang mit dem Kind können im Unterricht, durch entsprechendes Handling oder gezielte Lagerung, einzelne Muskelgruppen trainiert werden. Spezielle Übungen zur Kräftigung der Muskulatur gehören jedoch ausschließlich in die Hände von ausgebildeten Krankengymnastinnen.

5.2 Begründung eines therapieimmanenten Unterrichts

„Die gemeinsame Aufgabe für Pädagogen und Therapeuten ist durch den Auftrag der Schule bestimmt. Der Auftrag der Schule geht vom für uns erkennbaren oder vom angenommenen Förderbedarf des Schülers aus und beschreibt in Form von Richtlinien oder Bildungsplänen das, was schulische Förderung durch die verschiedenartigen Mitarbeiter am Schüler mit Behinderung bewirken soll“ (Sowa/Rischmüller 1996, 27).

Es ist offensichtlich, daß der Ausgangspunkt eines jeden unterrichtlichen Handelns beim Schüler liegt, bei seinen persönlichen Voraussetzungen, Fähigkeiten und Möglichkeiten. Davon ausgehend, plant die Lehrerin individuelle Förderangebote für dieses Kind. Sehr schnell kann sie dabei an Grenzen bei der Durchführung kommen, da ihr Wissen und Fähigkeiten im Bereich des Handlings fehlen oder ihr vorhandenes Wissen bei einem bestimmten Kind nicht erfolgreich einsetzbar ist. Sowa/Rischmüller formulieren noch konkreter, „daß ein Lehrer allein mit einem pädagogischen Rüstzeug nicht ausreichend ausgestattet ist, seine Klasse optimal zu fördern. Hierzu bedarf es zusätzlich therapeutischer Kenntnisse, um Unterricht zu erweitern und für manche Schüler sinnvoll zu gestalten“ (1996, 11).

Insbesondere bei Kindern mit schwerster Behinderung müssen sich alle Lehrkräfte und Bezugspersonen bewußt sein, daß Unterricht nicht vorrangig von Tischen, Stühlen und der Tafel bestimmt wird, sondern daß ein stark erweitertes Verständnis von Unterricht seinen Raum einnehmen muß. Unterricht soll in erster Linie zum Lernen Gelegenheit geben, zum Lernen von dem, was für das Kind angemessen und wichtig ist. Lernen als Verhaltensänderung darf nie losgelöst vom körperlichen Zustand und den körperlichen Möglichkeiten des Kindes, sich die Welt anzueignen, betrachtet werden. So kann Lernen oft erst stattfinden, wenn die körperlichen Voraussetzungen, z. B. eine gute Lagerung des Kindes, geschaffen wurden (Sowa/Rischmüller 1996, 26). Unterricht soll für das Kind Lebensraum darstellen, Lebensraum, in dem es sich wohl fühlt, in dem es ernst genommen wird und in dem es gezielt unterstützt wird, seine Fähigkeiten einzusetzen, zu erproben und zu erweitern. Darum ist es unumgänglich, daß die Lehrerin therapeutische Maßnahmen als „lernermöglichende und lernerleichternde Maßnahmen“ (Sowa/Rischmüller 1996, 18) in den Umgang mit dem Kind mit einbezieht.

Unterricht wird stets von Zielen geleitet, mit Inhalten ausgefüllt und anhand verschiedener Methoden realisiert. Was die Ziele anbetrifft, kann es in der schulischen Förderung „nicht darum gehen, pädagogische Ziele und therapeutische Ziele als etwas voneinander Unabhängiges zu legitimieren“ (Sowa/Rischmüller 1996, 30). Sie können sich gegenseitig ergänzen, haben den gleichen Bezugspunkt, nämlich das Kind, und damit auch die gleiche Zielsetzung: die bestmögliche Förderung des behinderten Kindes unter Einbeziehung und Verknüpfung aller verfügbaren Methoden. Durch eine solche Integration der Methoden kann man einer ganzheitlichen Förderung des Kindes am ehesten gerecht werden.

Kinder mit schwerster Behinderung sind in ihren Fähigkeiten und Bedürfnissen so verschieden, daß es unserer Meinung nach kein bestehendes Konzept gibt, das für ein Kind völlig angemessen ist. Angepaßt an seine Individualität, sollte die Lehrerin sich ein Konzept zurechtlegen, durchaus zusammengesetzt aus verschiedenen Methoden, welches ganz individuell passend für dies eine Kind ist. So kann sie z. B. in ihren Unterricht Elemente aus dem Handling nach Bobath einbeziehen, falls dies in der Förderung des Kindes sinnvoll und nützlich erscheint.

Die Einbeziehung therapeutischer Maßnahmen, insbesondere des Handlings als Bewegungsunterstützung bei Kindern mit schwerster Behinderung, stellt eine von vielen Methoden dar, Unterricht für ein schwerstbehindertes Kind sinnvoll zu gestalten und zu bereichern. „Wir werden (...) die Erfahrung machen, daß es nicht DIE Methode für DEN behinderten Menschen gibt. Im Einzelfall wird es meist erforderlich sein, methoden-integriert zu arbeiten, d. h. Elemente einzelner Methoden für den individuellen Menschen zu einem neuen Ganzen zusammenzufügen" (Thumm u. a. 1992, 16).

Die Verzahnung von Therapie und Unterricht kann für das Kind sinnstiftende Erfahrungssituationen herstellen und ist im Sinne einer ganzheitlichen Förderung erstrebenswert. Ein Nebeneinanderher von Therapie und Unterricht führt für das Kind zu unbefriedigenden Situationen. Es erfährt seinen Alltag als unzusammenhängende Einzelaktivitäten. Kinder mit schwerer geistiger Behinderung haben zudem oft Schwierigkeiten, Gelerntes auf andere Situationen zu übertragen. Bei solchen Voraussetzungen ist es um so mehr angezeigt, Therapie und Unterricht zu einer Einheit verschmelzen und vom Kind als sinnvolles Ganzes erleben zu lassen (Sowa/Rischmüller 1996, 63). „Was bringt es dem Schüler, wenn er das in der Einzelsituation Geübte und Gelernte nicht allein in den Alltag, in die Klassensituation, den Freizeitbereich, das Leben zu Hause übertragen und hier weiter anwenden kann" (S. 119).

Eine ganzheitliche Sichtweise aller an der Förderung der Kinder mit schwerster Behinderung Beteiligten ist Voraussetzung einer Verzahnung verschiedener Förderansätze. Jeder trägt seinen

Teil dazu bei, das Kind zu fördern, jedoch nicht unabhängig nebeneinander, sondern möglichst gemeinsam, abgestimmt und abgesprochen. „Die unterschiedlichen Unterrichts-, Bildungs- und Rehabilitationsbestandteile (...) dürfen nicht aneinandergereiht werden oder nebeneinander ‚passieren', sondern sind jeweils ergänzende, vervollständigende Bestandteile eines ganzheitlichen Förderkonzepts" (Schelenz 1991b, 106).

Die Verzahnung aller Bereiche entspricht auch der kindlichen Entwicklung, bei der verschiedene Aspekte gleichzeitig ablaufen und nicht isoliert und unabhängig nebeneinander stehen. Eingebettet in einen ansprechenden Handlungsrahmen, also in eine natürliche und das Kind motivierende Umgebung, kann sich ein solches integratives Konzept als sinnstiftend erweisen. Sein Ziel ist es, die Selbständigkeit des Kindes zu erhalten, zu verbessern oder sie sinnvoll zu begleiten.

Den gemeinsamen Bezugspunkt von therapeutischem und pädagogischem Handeln sehen Sowa/Rischmüller (1996) im Kind. Sowohl Therapeutin als auch Pädagogin sind bestrebt, ihm die bestmöglichen Fördermaßnahmen zu gewährleisten. In ihrer Arbeit haben sie zwar verschiedene Schwerpunktsetzungen, doch gibt es viele Überschneidungen, in denen sich ein therapieimmanenter Unterricht begründen kann. Unter optimaler Voraussetzung gibt es bei Krankengymnastinnen und Sonderpädagoginnen folgende Gemeinsamkeiten (Sowa/Rischmüller 1996, 62):

- Sie verfügen über Kenntnisse in den medizinischen Grundlagen und über die kindliche Entwicklung.
- Sie arbeiten nach Förderplänen, die aufgrund von Beobachtungen erstellt werden.
- Sie haben die gleiche Zielsetzung, nämlich die Förderung und Erhaltung der Selbständigkeit des Kindes.
- Sie haben Kenntnisse über Hilfsmittel und können sie anwenden.
- Sie verfügen über mehr oder weniger spezielles Wissen im Handling.

Diese Parallelen sind die wünschenswerte Grundlage für gemeinsames Arbeiten. Jeder Fachbereich kann sein spezielles Wissen für gemeinsame Konzepte beitragen und vom Wissen und den Erfahrungen der Kollegen profitieren. Gemeinsame Planung und Durchführung können den Unterricht ungemein entlasten. Es ergeben sich neue und hilfreiche Situationen, um dem Kind im Unterricht zu begegnen. Die Form und die Inhalte des Unterrichts müssen diesbezüglich eventuell verändert, korrigiert oder erweitert werden.

„Verbindet man (...) Fragen des Handlings ganz konkret mit der Unterrichtsplanung, so wird dies zu einem erweiterten Verständnis von Unterricht führen, welches einerseits für die Schüler aufgrund ihrer Beeinträchtigung auch von medizinisch therapeutischen Gesichtspunkten her sinnvoll ist, andererseits den Lehrern einen viel größeren Spielraum für den Unterricht bietet. (...) Ein Unterricht in Kulturtechniken (...) ist nicht an Tisch, Stuhl und Tafel gebunden. Er kann im Liegen auf dem Boden, unter Verwendung von entsprechendem Lagerungsmaterial durchgeführt werden. Er kann in einen Bewegungsunterricht umfunktioniert werden“ (Sowa/Rischmüller 1996, 192).

Welchen Stellenwert nun das Handling und damit therapeutische Elemente für die Lehrerin im Unterricht mit schwerstbehinderten Schülern haben, vermag folgendes Zitat zu verdeutlichen: „Jede Förderung der Feinmotorik ist von einer *gesicherten* Haltungs- und Bewegungskontrolle abhängig. In ähnlicher Weise können geistige, kommunikative, emotionale, soziale, optische und akustische Aktivitäten nur entwickelt werden, wenn die körperlichen Voraussetzungen zum Lernen geschaffen sind. Auch Arbeitshaltungen wie Durchhaltevermögen, Ausdauer und Konzentration bedürfen einer sicheren Haltung. Bei allen Lernangeboten muß dem Schüler gezielte Hilfe durch Geräte, Hilfsmittel oder Körperhilfe in notwendigem Maße durch den Lehrer angeboten werden“ (Staatsinstitut für Schulpädagogik und Bildungsforschung München 1991, 154).

Die Richtlinien für Nordrhein-Westfalen nennen in bezug auf integrierte bewegungsunterstützende Maßnahmen als ein Unterrichtsziel die „Fähigkeit, die Raumlage des Körpers in Ruhe und Bewegung zu erleben: Lageveränderungen durch unterschiedliche Lagerung erfahren, empfinden und darauf reagieren" (Kultusminister des Landes Nordrhein-Westfalen 1985, 13). Ein Unterrichtsprinzip in Baden-Württemberg lautet: „Wechsel der Lagerungshilfen: Es sind Ausgangslagen unterschiedlicher Art (z.B. Liegekeil, Stehbrett, Hängematte, Sitzschale etc.) bereitzustellen, die der Schülerin oder dem Schüler entweder Eigenaktivität oder eine Ruhephase ermöglichen" (Oberschulamt Stuttgart 1994, 13). Ein weiterer Zielbereich ist die „Fähigkeit, Eigenaktivitäten zu erleben, zu differenzieren und zu steuern: wenn Schüler Bewegungen noch nicht ausführen können, müssen sie zur Aufnahme von Bewegungsabläufen stimuliert werden" (Ministerium für Kultus und Sport Baden-Württemberg 1982, 19).

Daß bei Kindern mit schwerster Behinderung bewegungsunterstützende Maßnahmen einen wichtigen Stellenwert in der Gesamterziehung haben, zeigt auch folgende Aussage: „Bewegungsfähigkeit ist die Grundlage der kognitiven, emotionalen und sozialen Entwicklung. Die bei geistigbehinderten Schülern vorliegenden Bewegungsbeeinträchtigungen erfordern grundlegende und durchgehende Bewegungserziehung. Die früh einsetzende kontinuierliche Bewegungserziehung unter besonderer Berücksichtigung der Ziele des Lernbereichs Basale Förderung versucht, der Gefahr der Verfestigung von Bewegungsbeeinträchtigungen entgegenzuwirken und bestehende Bewegungsbeeinträchtigungen zu vermindern. Bewegungserziehung muß in der Gesamtförderung Geistigbehinderter enthalten sein" (Ministerium für Kultus und Sport Baden-Württemberg 1982, 79).

Die Richtlinien des Landes Nordrhein-Westfalen von 1985 (S. 8) sehen im Unterricht durchaus den Raum zur Übung und zur Aneignung von motorischen Fähigkeiten: „Ein fester Bestandteil im Tagesablauf sind Übungsphasen (...) sie sind erforderlich, um

- Reaktionen und Fähigkeiten anzubahnen,
- Fertigkeiten zu entwickeln,
- unzweckmäßige Handlungsmuster abzubauen,
- Erfahrungsrückstände auszugleichen."

Es sind also nicht nur Krankengymnastinnen dafür verantwortlich, „unzweckmäßige Handlungsmuster abzubauen". Dies kann und soll auch im Unterricht durch die Lehrerin erfolgen. Dabei muß sie jedoch krankengymnastische Elemente in ihren Umgang mit dem Kind übernehmen.

Bewegungsunterstützung des behinderten Kindes in Form eines therapieimmanenten Unterrichts stellt für Sowa ein sinnvolles Konzept dar. Es „erscheint unter vielen Pädagogen, Medizinern und Therapeuten weitgehend Einigkeit darüber zu bestehen, daß Therapie viel mehr in die pädagogischen Maßnahmen integriert werden sollte, um den Schülern auch eine für sie sinnvolle und nachvollziehbare Förderung zukommen zu lassen. Hier ist es notwendig, das additive Konzept (...) als die momentan noch vorherrschende Form der Förderung, um integrative Maßnahmen zu erweitern. Hierbei sollte besonders an die Integration der Therapie in den Unterricht gedacht werden"(Sowa/ Rischmüller 1996, 120).

Solch ein integratives Konzept von Therapie im Unterricht stellt für das Kind eine einheitliche und ganzheitlich ausgerichtete Förderung dar. Wichtig erscheint uns dabei die Kooperation der Mitarbeiter, unter deren Voraussetzung Krankengymnastin und Lehrerin optimal auf das Kind eingehen können. „Jeder Schüler arbeitet täglich in den unterrichtlichen und therapeutischen Lernbereichen mit unterschiedlichen Bezugspersonen. Um Verunsicherung und Verwirrung in der Kontaktaufnahme und im Aufbau der Lern- und Arbeitsbeziehung zu vermeiden, muß ein durchgängiges Erziehungskonzept zugrunde liegen. Deshalb stellt die Zusammenarbeit aller Mitarbeiter, die mit dem Schüler oder einer Lerngruppe arbeiten, einen unverzichtbaren organisatorischen und inhaltlichen Rahmen dar, um eine verantwortliche pädagogische und psychosoziale Arbeit leisten zu können. Die notwendige enge Verzahnung von Unterricht, Erziehung und Therapie wird durch diese Teamarbeit hergestellt" (Schelenz 1991b, 108).

5.3 Ziele und Formen eines therapieimmanenten Unterrichts

Ein therapieimmanenter Unterricht, der bewegungsunterstützende Maßnahmen als Inhalt hat, setzt sich stets zum Ziel, die Bewegungsfähigkeit eines Kindes mit schwerster Behinderung zu unterstützen, zu fördern, aufrechtzuerhalten und auszubauen. In jeder Position sollen dem Kind Stabilität des Körpers, Verbesserung der Handlungsfähigkeit und Wohlbefinden vermittelt werden. Diese dienen als Grundvoraussetzungen zum Lernen. „Dem Schüler wird das Lernen erleichtert, wenn durch gezielte Maßnahmen zur günstigsten Lagerung seines Körpers ein möglichst hoher Grad an Ausgeglichenheit erreicht wird. Erst wenn der Schüler von seinen Schmerzen und dem Kampf um die Haltungsbewahrung befreit ist, sind für ihn die zum Lernen notwendigen Voraussetzungen geschaffen“ (Staatsinstitut für Schulpädagogik und Bildungsforschung München 1991, 38).

Ein Ziel während des Unterrichts ist z. B., Verformungen der Wirbelsäule und Versteifungen in den Gelenken von Schulter, Hüfte und Knie entgegenzuwirken. Dies geschieht durch fachgerechte Lagerung des Kindes. Die Krankengymnastin kann der Lehrerin dabei wertvolle Hilfestellungen und Ratschläge geben. Wenn das Kind von der Lehrerin umgelagert wird oder gelagert ist, dann muß darauf geachtet werden, daß Bewegungs- oder Haltungsmuster vermieden werden, welche die Haltung oder Bewegungsfähigkeit des Kindes einschränken. Häufig ist bei Kindern mit ICP eine Überstreckung des Kopfes zu beobachten, die von der Lehrerin korrigiert oder durch entsprechende Lagerung weitgehend vermieden werden sollte.

Allgemein soll durch Einbeziehung von therapeutischen Elementen in den Unterricht der Muskeltonus des Kindes verbessert werden, also eine zu hohe Muskelspannung gesenkt oder eine zu niedrige Spannung stabilisiert werden. Je physiologischer der Muskeltonus des Kindes ist, desto aufmerksamer und konzentrierter kann es dem Unterrichtsgeschehen folgen, da es dann nicht mit Haltungskorrekturen beschäftigt oder durch hemmende Bewegungsmuster blockiert ist.

Da das Kind in der Regel einige Stunden am Vormittag in der Schule am Unterricht teilnimmt, besteht ein Ziel darin, das Kind vor Wundliegen, Druckstellen und Schmerzen zu bewahren. Im Rahmen der pädagogisch-medizinisch-therapeutischen Förderpflege fällt dieser Prophylaxe eine bedeutende Stelle in der ganzheitlichen Förderung des Kindes zu.

Als Formen eines therapieimmanenten Unterrichts nennen Sowa/Rischmüller (1996, 63):

- „Gemeinsamer Unterricht von Pädagogen und Therapeuten in einer Klasse zu einem bestimmten Thema;
- therapeutische Einzelförderung mit pädagogischer und therapeutischer Zielstellung;
- Klassenunterricht des Lehrers mit therapeutischer und pädagogischer Zielstellung nach Beratung durch den Therapeuten;
- Einzelförderung und Klassenunterricht: das in der Therapie Erlernte wird in den Unterricht integriert. Die Möglichkeiten der Zusammenarbeit sind äußerst vielfältig und können zur Bereicherung des Unterrichtsalltages und der Förderung der Schüler erheblich beitragen."

5.4 Voraussetzungen für einen therapieimmanenten Unterricht

Wenn therapeutische Elemente sinnvoll in ein Unterrichtsgeschehen integriert werden sollen, sind bestimmte Voraussetzungen vonnöten. Die nachfolgende Darstellung erhebt keinen Anspruch auf Vollständigkeit. Je nach Schulform, Klassenzusammensetzung, Fähigkeiten der Schüler, Struktur und Besetzung der Mitarbeiterstellen und anderen äußeren Faktoren ergeben sich abweichende grundlegende Voraussetzungen oder Vorstellungen, welche Elemente zur Realisierung eines integrativen Konzepts unumgehbar, wichtig oder wünschenswert sind. Die Ausführung ist als Anregung gedacht und bezieht sich auf die folgenden Bereiche: personelle Voraussetzungen, institutionelle und organisatorische Voraussetzungen, räumliche und materielle Voraussetzungen und persönliche Voraussetzungen.

Personelle Voraussetzungen

Eine wichtige Voraussetzung für therapieimmanenten Unterricht besteht darin, daß die Möglichkeit der Beratung und Anleitung durch fachkundige Mitarbeiter stets gegeben sein sollte. Für medizinisch-pflegerische oder krankengymnastisch-therapeutische Elemente, die von der Sonderschullehrerin in den Unterricht übernommen und integriert werden, muß gewährleistet sein, daß die entsprechenden Kenntnisse unter fachkundiger Anleitung erworben werden. Dazu kann es nötig sein, daß die Krankengymnastin die Lehrerin während des Unterrichts berät und mit ihr zusammen wichtige Schritte, z. B. beim Handling, übt. Erst wenn die Lehrerin eine Technik sicher beherrscht, ist die gleichzeitige Anwesenheit einer kompetenten Fachkraft nicht mehr nötig.

Eine weitere Grundlage für die Arbeit mit schwerstbehinderten Kindern ist ein Grundwissen über neurophysiologische Vorgänge. Dies ist Voraussetzung, um eine sinnvolle Fördermaßnahme zu planen und durchzuführen: „Voraussetzung für die Förderung ist ein differenziertes Erfassen der vorhandenen Reaktionsmuster des Kindes einschließlich der zugrunde liegenden Verstärkungsmechanismen“ (Ministerium für Kultus und Sport Baden-Württemberg 1982, 20).

Ferner sollten alle Mitarbeiter, die mit schwerstbehinderten Kindern arbeiten, ein Grundwissen über Techniken von Heben und Tragen haben. Dies könnte in einem Einführungskurs für alle neuen Mitarbeiter regelmäßig vermittelt werden.

Außerdem ist ein Austausch von Erfahrungen, Techniken und Erwartungen vonnöten. Dies beinhaltet, daß Krankengymnastinnen und Lehrerinnen sich mit einzelnen Bereichen der anderen Fachrichtung vertraut machen, „daß der Krankengymnast die Haltungs- und Bewegungsformen der Behinderten kennt.

Dafür muß er sich mit den spezifischen Anforderungen des Schultages auseinandersetzen. Umgekehrt sollten sich die pädagogischen (...) Mitarbeiter der Schulen (...) mit den speziellen Möglichkeiten des ‚Handlings', die sich aus der krankengymnastischen Übungsbehandlung ergeben, theoretisch und praktisch vertraut machen" (Baerecke/Weidinger 1991, 86).

Ebenso ist kooperatives Arbeiten eine unumgängliche Voraussetzung für einen therapieimmanenten Unterricht. „Die Förderung eines schwerstbehinderten Menschen zeichnet sich durch interdisziplinäre Zusammenarbeit aus, d. h.: unterschiedlichste Berufsgruppen müssen zusammenarbeiten (z. B. Krankengymnasten, Beschäftigungstherapeuten, Heilpädagogen, Erzieher, Sozialpädagogen etc.), als *Team*" (Schlaaf-Kirschner 1991, 66).

Weiterhin sollte eine regelmäßige Teilnahme an Fortbildungen für alle Mitarbeiter verbindlich sein. Fortbildungen bieten für die Beteiligten unter anderem

- „die Erhaltung, Aktualisierung und Verbesserung bereits erworbener Qualifikationen;
- die Reflexion/Verbesserung der Arbeits-, Lehr- und Lernprozesse und eine Veränderung der Unterrichtswirklichkeit;
- die Verbesserung der Kommunikation und Kooperation im Kollegium;
- die praxisbezogene Konkretisierung des Bildungs- und Erziehungsauftrags der Schule;
- die Entwicklung eines Bildungs- und Erziehungskonzeptes der jeweiligen Schule (pädagogisches Konzept/Profil)" (Miller 1991, 7).

Die Lehrkräfte sollten entsprechend der Klassenstruktur den Klassen zugeordnet werden. Besteht eine Klasse überwiegend aus schweren, großgewachsenen Jugendlichen, die in hohem Maße auf Pflege und Hilfestellung angewiesen sind, sollte einer kleinen, zierlichen Frau diese Klasse nicht unbedingt zugemutet werden. Selbst wenn sie über verschiedene Trage- und Hebetechniken verfügt, wird sie sehr schnell an die Grenzen ihrer körperlichen Leistungsfähigkeit kommen. Das macht sich dann in Verspannungen oder Rückenschmerzen bemerkbar.

Eine Klasse sollte mit einer ausreichenden Zahl von Förderkräften besetzt sein, um eine Überforderung – auch im körperlichen Bereich – eines einzelnen zu vermeiden. Der Einsatz einer zusätzlichen Kraft während arbeitsintensiver Stoßzeiten, wie z. B. bei Transporten, könnte eine große Entlastung darstellen.

Wünschenswert wäre eine optimale Mitarbeiterbesetzung der Klasse. Verschiedene Kräfte, seien es Sonderschullehrerin, Fachlehrerin, Krankengymnastin, Zivi, Praktikantin, Ärztin, Psychologin, Beschäftigungstherapeutin und andere, die gemeinsam mit dem Kind arbeiten und es gemeinsam fördern, müssen auf die Erfordernisse der Klasse abgestimmt sein. Daher gibt es keine allgemeingültige Regelung. Stellenpläne geben von selbst einen Rahmen an.

Institutionelle und organisatorische Voraussetzungen

Die Möglichkeit zur Fortbildung sollte für alle gegeben sein, die an der Förderung von Kindern mit schwerster Behinderung beteiligt sind. Mögliche Themeninhalte wären dabei unter anderem: „Klären von Begrifflichkeiten, Analyse und Planung von therapeutisch-pädagogisch orientierten Unterrichtsinhalten, Gesprächsführung" (Sowa/Rischmüller 1996, 194). In solchen Fortbildungen kann der Grundstein für kooperatives Arbeiten gelegt werden.

Schon in der Ausbildung von Sonderpädagoginnen muß eine breite und fundierte Basis für einen individuellen und kompetenten Umgang mit schwerstbehinderten Kindern und Jugendlichen im späteren Beruf geschaffen werden. Ausbildungsinhalte müssen daher „Schulpädagogik, Psychologie, Diagnostik, Medizin und Grenzgebiete" (Sowa/Rischmüller 1996, 59) umfassen. Im Fachseminar für Sonderpädagogik in Reutlingen sind diese Schwerpunkte als Studieninhalte festgelegt. Zum Bereich der Schulpädagogik gehören unter anderem (S. 59f):

- „didaktische Konzepte in Körper- und Geistigbehindertenpädagogik;
- Mediengestaltung und -einsatz bei schwer cerebralgestörten Schülern;
- Planung, Entwurf, Konstruktion und Herstellung von Hilfsmitteln für körperbehinderte Schüler;
- bewegungstherapeutische Grundlagen;
- Handling".

Zum Bereich Medizin zählen:

- „Neurophysiologie;
- Kinder- und Jugendpsychiatrie;
- Neuropädiatrie".

Für Studierende bieten Kenntnisse im Bereich der Körperbehindertenpädagogik, wie sie die Studieninhalte in Reutlingen vermitteln, in Verbindung mit Geistigbehindertenpädagogik eine gute Grundlage für die Arbeit mit Kindern mit schwerster Behinderung. Entsprechend sollten in den Ausbildungsstätten solche übergreifenden Seminare angeboten werden.

Die Arbeit in den Klassen muß als Teamteaching und als Teamarbeit organisiert werden. Jede Schule muß dafür ein eigenes zufriedenstellendes Konzept erstellen.

Auf jeden Fall ermöglicht ausreichendes Personal in den verschiedenen Fachbereichen ein befriedigendes Arbeiten. Streß, Hektik oder sogar ein Burn-out-Syndrom (Hedderich 1997 b) stellen sich dann nicht so schnell ein, wenn der einzelne Mitarbeiter nicht zeitlich, körperlich und psychisch überfordert ist.

Zudem sollte die Struktur der Schule so gestaltet sein, daß Zeit und Räume für Gespräche und gemeinsame Vor- und Nachbereitungen zwischen den verschiedenen Fachbereichen vorgesehen sind. Persönliches Engagement darf nicht ausschließlich als außerschulische Aktivität betrachtet und gefordert werden. Regelmäßiger Austausch zwischen den Mitarbeitern in Form von

Besprechungen, Konferenzen oder Supervision kann für einen guten Informationsfluß oder auch für die Problembewältigung hilfreich sein.

In Hinblick auf krankengymnastische Förderung sollte die Arbeitszeit einer Krankengymnastin auf möglichst wenig Klassen, etwa zwei, verteilt sein, so daß Bezugspersonen und Informationsfluß weitgehend konstant bleiben.

Räumliche und materielle Voraussetzungen

Der Klassenraum sollte eine Atmosphäre ausstrahlen, die Sicherheit und Wohlbefinden vermittelt, denn dieses sind Grundbedürfnisse des Menschen. Dies gilt nicht nur für einen Raum, in dem therapieimmanenter Unterricht stattfinden soll, sondern für jeden Raum, in dem sich Menschen aufhalten, um etwas miteinander zu tun. Der Raum sollte für die individuellen Klassen genügend groß sein. Es muß auf jeden Fall an Rollstuhlfahrer gedacht werden, die wesentlich mehr Raum im Zimmer benötigen.

Das Klassenzimmer sollte in Nischen aufgeteilt sein, die verschiedenen Zwecken wie Entspannung, Aktivität, Musikhören, Essen, Wickeln oder Kochen dienen. Zur flexiblen Raumgestaltung können auch Raumteiler eingesetzt werden (zur Raumgestaltung siehe auch Michalke-Haffke 1991, 192ff und van Hoek 1991, 200f). Ein separater Wickelraum und eine Naßzelle sollten in nächster Nähe zum Klassenzimmer liegen, damit die Wege möglichst kurz bleiben. Pflege, die durchaus ein wichtiger Bestandteil des Unterrichts ist, spielt sich somit in unmittelbarer Nähe des Klassenzimmers ab.

Sinnvolles und adäquates Lagerungsmaterial sowie Hilfsmittel wie z. B. Lifter, Slide-board, Drehscheiben, Lagerungskissen in den unterschiedlichsten Ausführungen, Keile, Decken usw. sollten in ausreichendem Maße zur Verfügung stehen, um die Kinder gut lagern zu können. Die Lagerungshilfsmittel sollten leicht zu handhaben sein und hygienischen Anforderungen entsprechen. Trotzdem sollten sie bequem und flexibel einsetzbar sein und aus waschbarem oder abwaschbarem Material bestehen.

Persönliche Voraussetzungen

Von Sonderpädagoginnen und anderen Fachkräften werden eine Vielzahl von Fähigkeiten, Fertigkeiten und Einstellungen erwartet, damit sie sinnvoll mit schwerstbehinderten Kindern arbeiten können.

Sie müssen Bereitschaft zur Kooperation zeigen. Bloße Sympathie unter den Kollegen reicht nicht aus: „Niemand kann (…) einfach von sich aus gut zusammenarbeiten, sondern er muß bestimmte Grundvoraussetzungen hierfür erlernen. Dies kann nur in der Ausbildung bzw. in permanenter Fortbildung verwirklicht werden“ (Schweins 1996, 42). Ebenso ist eine Bereitschaft zur ständigen Weiter- und Fortbildung nötig, um neue Erfahrungen zu sammeln. Sie verhindern auch das Festfahren in alten, eventuell falschen Routinehandlungen.

Die Mitarbeiter müssen das Kind als Mittelpunkt gemeinsamer Förderung und gemeinsamer Ziele ansehen. Das eigene Handeln muß sich an seinen Bedürfnissen und Möglichkeiten orientieren.

Durch die Zusammenarbeit verschiedener Fachbereiche ergibt sich eine gemeinsame Bestimmung der individuellen Ausgangslage des Schülers. Die Fähigkeit, ein Kind diagnostisch zu beurteilen, ist Voraussetzung dafür. In der Kooperation ist eine erweiterte und differenzierte Sichtweise möglich. In das gemeinsame Förderkonzept sollten nach Möglichkeit auch Erwartungen von außen, also der Eltern oder der Gruppe, mit einbezogen werden. Kenntnisse in Gesprächsführung und Beratungsgespräche liefern eine gute Grundlage, Probleme, Vorstellungen und Wünsche auszutauschen.

Jeder Mitarbeiter muß über Kenntnisse im Hinblick auf Lagerungshilfsmittel verfügen. Er muß damit umgehen können und dabei die Prinzipien der verschiedenen Lagerungsarten und deren Vorteile und Gefahren wissen und erkennen können.

Jeder Mitarbeiter sollte sich der Wichtigkeit der Lagerung im Unterricht bewußt sein. „Lagerung soll (…) dem Schüler in erster Linie *Stabilität, Sicherheit, Wohlbefinden* und auch *Schmerzfreiheit* vermitteln, denn das Verhalten eines Menschen ist erheblich von seiner leiblichen Befindlichkeit abhängig. Lagerung soll den *Hintergrund* für *Haltung* und *Bewegung* schaffen und ist somit *Voraussetzung* für *Eigenaktivität* und *Handlungsfähigkeit* des Schülers, denn Bewegung ist ein fundamentales Grundbedürfnis des Menschen" (Rischmüller/Schmitt 1996, 68).

Jeder, der mit der Förderung schwerstbehinderter Kinder zu tun hat, sollte die Bereitschaft mitbringen, sich mit spezifischen Grundlagen des anderen Fachbereichs auseinanderzusetzen und Kenntnisse darüber zu erwerben. Also das Wissen über Handling, Neurophysiologie, Anatomie, Bewegungslehre für Sonderpädagoginnen und Einblick in Bildungsplan, Lernbereiche, Inhalt der Fächer für Krankengymnastinnen. Es geht dabei um das Wissen über die Zielsetzungen und Inhalte des anderen Fachbereichs. Die Mitarbeiter sollten sich stets vergegenwärtigen, daß sich die verschiedenen Fachbereiche gegenseitig beeinflussen und bedingen. Ihr Handeln ist danach auszurichten. Das ist immer wieder Anlaß, über das eigene berufliche Selbstverständnis nachzudenken.

Eine Bereitschaft zum gemeinsamen Gespräch, also auch zur gemeinsamen Planung und Reflexion, ist erforderlich, um Unklarheiten oder Probleme und Fragen zu lösen. „Die Forderung nach Zusammenarbeit der verschiedenen Berufsgruppen in unseren Schulen wird vielfach nur realisiert werden können, wenn Pädagogen und Therapeuten bereit sind, nach Unterrichtsschluß in gemeinsamen Besprechungen die (...) schwierigen Prozesse der Legitimation und Präzisierung von Zielen und Inhalten zu bewältigen" (Schweins 1996, 42).

Von allen Mitarbeitern, die mit schwerstbehinderten Kindern arbeiten, wird gefordert, daß sie sich auf Körperkontakt einlassen können, daß sie Geduld und Zeit für das Kind haben. Ebenso müssen sie die Bereitschaft mitbringen, sich auf das Kind einzulassen, und versuchen, seine Wünsche und Bedürfnisse im Sinne seiner Selbstbestimmung zu erkennen.

5.5 Probleme und Gefahren eines therapieimmanenten Unterrichts

Das Konzept eines Unterrichts für Kinder mit schwerster Behinderung, der therapeutische Aspekte mit einbezieht, muß von allen Beteiligten gut durchdacht werden. Nur wenn sie sich ihrer gemeinsamen Zielsetzung bewußt sind, deren Mittelpunkt das behinderte Kind darstellt, kann der Unterricht zur Zufriedenheit aller ausfallen. Sie müssen sich bezüglich ihrer Aufgabenbereiche und Verantwortlichkeit in der gemeinsamen Durchführung der gewählten Struktur einig sein. Selbst wenn Pädagogik und Therapie miteinander verzahnt werden, so muß man immer im Auge behalten, daß sie zwei selbständige Bereiche sind, die ihre Daseinsberechtigung in der Schule für Geistigbehinderte bzw. in der Schule für Körperbehinderte haben. Diese ergibt sich aus den Bedürfnissen des einzelnen Kindes: Die Schule soll ihm Lern- und Erfahrungsort sein. Folglich ist aus medizinisch-physiologischer Sicht die Therapie für sein fortbestehendes Wohlbefinden unerläßlich.

Jeder Bereich hat einen wichtigen Stellenwert im Alltag des Kindes. Ihre Überschneidung ist erwünscht und sinnvoll, jedoch besteht sehr leicht die Tendenz, den Unterricht zur Therapie umzufunktionieren. „Der Kochunterricht wird zur Eßtherapie oder zum Geruchstraining, die Wahrnehmungsförderung zur auditiven oder visuellen Stimulation (...)" (Fornefeld 1995, 115). Wagner beschreibt die Situation vor zehn Jahren schon ganz ähnlich. Es „war allerdings festzustellen, daß neben *klassischen* Therapieformen (...) in Schulen für Geistigbehinderte verstärkt auch *neue Therapien* – so z.B. (...) *Eßtherapie, Bewegungstherapie* (...) – angeboten wurden. Dadurch wurden wichtige Teilbereiche des Unterrichts der Schule für Geistigbehinderte mit dem Begriff Therapie besetzt. Dies war Anlaß, (...) sich mit dem Stellenwert der Therapie im Rahmen der Gesamtförderung geistig behinderter Schüler zu befassen" (Wagner 1986, 29).

Es besteht die Gefahr, daß Pädagogen das Bedürfnis haben, den Unterricht für Kinder mit schwerster Behinderung durch Einbeziehung von therapeutischen Elementen zu legitimieren und aufzuwerten. Es steht zwar außer Frage, daß die Therapie bei Kindern mit ICP einen hohen Stellenwert einnimmt. Hat aber die Pädagogik nicht an sich schon selbst ihre Legitimation gefunden, indem sie die Aufgabe hat, die „Kinder und Jugendlichen zur Selbstverwirklichung in sozialer Integration zu führen“ (Ministerium für Kultus und Sport Baden-Württemberg 1982, 10)? Die Methoden, die eine Sonderschullehrerin anwendet, um dieses Ziel zu erreichen, bleiben weitgehend ihr überlassen. Die Übernahme von therapeutischen Maßnahmen als eine Methode darf in keinem Falle überbewertet werden und eine vorrangige Stelle einnehmen. Nur integriert in eine ganzheitliche pädagogische Förderung können solche therapeutischen Elemente unter Berücksichtigung der Gesamtpersönlichkeit eines Kindes erfolgreich sein.

„Das Problem, um das es mir hier geht, liegt also weniger in den Therapien selbst, *sondern in ihrer Übernahme durch Pädagogen in die Pädagogik,* weil hierdurch therapieimmanente Werte übernommen und eigentlich Pädagogisches verdrängt wird. Pädagogen handeln (...) nicht mehr pädagogisch, sondern therapeutisch und das halte ich für überaus problematisch, weil hierdurch zwangsläufig die *Erziehungs*bedürfnisse des schwerstbehinderten Kindes nicht mehr zur Kenntnis genommen werden“ (Fornefeld 1995, 116). Die Gefahr, daß die Lehrerin zur Therapeutin wird, liegt nahe. Es kann unserer Meinung nach jedoch genauso das Gegenteil der Fall sein. Aus Angst vor einer zu starken Therapeutisierung des Unterrichts werden wichtige Elemente oder Hilfsmittel aus dem Bereich der Therapie übersehen, ignoriert oder sogar abgelehnt.

In keinem Fall darf sich eine Sonderschullehrerin als „Handlanger“ der Krankengymnastin erfahren, die dazu angehalten wird, bestimmte Übungen mit dem Kind durchzuführen. Hier ist unbedingt ein Gespräch über Zielsetzungen und Realisationsmöglichkeiten beider Bereiche zu suchen.

Eine weitere Gefahr des therapieimmanenten Unterrichts sehen wir darin, daß die Form nicht angemessen gewählt wird. Bei mangelhafter Planung und Absprache kann das Gruppenerleben der gesamten Klasse gestört werden. Dies kann passieren, wenn man Arbeitsform, -zeit und -ort nicht den Bedürfnissen *aller* Kinder entsprechend wählt. Kommt eine Krankengymnastin z. B. in das Klassenzimmer, um mit einem Kind therapeutisch zu arbeiten, während alle anderen essen und das Kind selbst Hunger hat, so sind die anderen Kinder der Klasse abgelenkt, und das eine ist unaufmerksam. Hier ist die Integration der Therapie in den Unterricht wenig sinnvoll, da man so weder dem Kind noch der Gruppe gerecht werden kann. Wenn, wie in diesem Falle, die Absprache oder die Teamarbeit nicht funktionieren, geht am Ende alles auf Kosten des Kindes. Dabei soll gerade das Kind der Mittelpunkt der gemeinsamen Bemühungen sein.

In diesem Sinne darf es auch nicht zu einer Rivalität zwischen Pädagogik und Therapie kommen. Es darf sich nie die Frage stellen, welche Mitarbeiterin denn nun die *besseren* Förderkonzepte parat hat: die Krankengymnastin, die über neurophysiologische Therapie Bescheid weiß, oder die Lehrerin, die das Kind in verschiedenen Handlungsbereichen kennt und Förderung daher umfassender planen kann. Es muß stets darum gehen, Gemeinsamkeiten und Bereicherungen festzustellen und diese zum Wohle des Kindes in die eigene Förderpraxis einzugliedern.

6. Beispiele aus der sonderpädagogischen Praxis

6.1 Lagerungsprinzipien zur Strukturierung bewegungsunterstützender Maßnahmen im Unterricht

Kinder mit schwerster Behinderung haben oft einen unphysiologischen Muskeltonus. Ziel einer jeden Lagerung ist es, diesen günstig zu beeinflussen und dem Kind je nach Situation durch die gewählte Lagerungsart Entspannung oder Aktivität zu ermöglichen. Während eines Lagewechsels ist ein korrektes Handling des Kindes wichtig, um pathologische Bewegungsmuster oder Schmerzen zu verhindern oder um Bewegungen anzubahnen.

Für die Arbeit mit Kindern mit schwerster Behinderung haben wir zehn Prinzipien zusammengestellt, die erfahrungsgemäß in der Praxis des Lagerns angewendet werden können. Sie helfen den Beteiligten, also Lehrerin und Kind, Bewegungen und Lagerungsformen zu erleichtern und zu strukturieren. Es ist wichtig, daß alle Prinzipien stets in gleicher Weise angewandt werden. Nur wenn die verschiedenen Bewegungs- oder Lagerungsformen dem Kind bekannt sind, weil sie immer in der gleichen Form ausgeführt werden, kann es sich darauf einstellen, was mit und an ihm geschieht. Dies verleiht dem Kind, ebenso wie der Lehrerin, Vertrauen und Sicherheit (Dehlinger 1997).

Grundsätzlich gilt für die Lagerung, daß das Kind in Bauch- oder Rückenlage symmetrisch, also den Kopf in Mittelstellung, gelagert wird. In dieser Position kommt es am wenigsten zu pathologischen Reflexmustern. Aus dem gleichen Grund werden Hüfte und Knie in Beugestellung gebracht. In höheren Positionen, wie z. B. im Sitzen, achtet man darauf, daß die Haltung des Kindes stabil ist, es also für die Haltungsbewahrung selbst keine nennenswerte Kraft aufbringen muß. Stabilität erreicht man hauptsächlich durch Unterstützung des Rumpfes mit Händen oder Lagerungskissen. Ansatzpunkte zum Drehen des Kindes sind bei ihm stets die großen Gelenke wie Hüfte und Schulter.

Die zehn Prinzipien, die bei der Lagerung oder dem Handling des Kindes beachtet werden sollen, haben wir wie folgt benannt:

Zeit

Planung und Vorbereitung

Angemessenheit und Wohlbefinden

Kommunikation und Interaktion

Deutlicher Körperkontakt

Bewegungsunterstützende Maßnahmen

Körpernahe Korrektur

Kontrolle

„So wenig wie möglich, so viel wie nötig"

Dokumentation

Prinzip der Zeit

Für jeden Lagewechsel, der mit oder an dem Kind vollzogen wird, muß Zeit eingeplant werden. Nur wenn die Lehrerin sich ganz dem Kind zuwendet, kann eine angemessene Aktivität erfolgen. Das Kind darf sich nicht „abgefertigt" vorkommen. Die Lehrerin darf sich nicht in die Rolle einer „Abfertigerin" drängen lassen. Das Kind *macht* ihr beim Lagern keine zusätzliche Arbeit, sondern das Kind selbst *ist* ihre Arbeit.

Prinzip der Planung und Vorbereitung

Wenn das Kind eine andere Position einnehmen soll, evtl. mit einem Platzwechsel verbunden, so muß der neue Lagerungsort dem Kind entsprechend vorbereitet werden. Es müssen die benötigten Lagerungskissen, Unterlagen, Decken o. ä. hergerichtet werden, *bevor* das Kind gelagert wird. Es entstehen sonst Unsicherheit und möglicherweise gefährliche Situationen für das Kind, es könnte z. B. von einer Matte herunterfallen, wenn die Lehrerin den Platz immer wieder verlassen muß, um benötigtes Lagerungsmaterial zu besorgen.

Prinzip der Angemessenheit und des Wohlbefindens

Eine Lagerungsart muß für das Kind so gewählt werden, daß es in der eingenommenen Position seine selbst gewählten oder die ihm angebotenen Aktivitäten ungehindert und in physiologischer Weise durchführen kann. Es muß bequem, schmerzfrei und möglichst anstrengungslos liegen, sitzen oder stehen. Das gleiche gilt für die Lehrerin. Bei körpernaher Lagerung oder bei Aktivitäten an oder mit dem Kind muß sie für sich selbst eine bequeme, schmerzfreie, entlastende und weitestgehend anstrengungslose Position finden, die sie möglichst auch lange beibehalten kann. Nur wenn sie ein Kind unverkrampft und entspannt im Arm hält, ist es auch dem Kind möglich, sich zu entspannen.

Prinzip der Kommunikation und Interaktion

Lagerungswechsel stellen grundsätzlich eine Interaktion zwischen mindestens zwei Beteiligten dar: dem Kind und der Lehrerin. Durch Ansprechen des Kindes, Abwarten seiner Reaktionen und Abstimmen der Aktionen der Lehrerin auf die des Kindes – und umgekehrt – entsteht ein dialogisches Miteinander. Nur in diesem Austausch kann die Lehrerin herausfinden, ob das Kind die neue Lage akzeptiert oder ob ihm die Bewegung Spaß macht.

Alle Handlungen der Lehrerin, wenn sie unmittelbar am Kind ausgeführt werden, sollten mit Sprache begleitet werden, damit das Kind die Zuwendung über mehrere Sinneskanäle erfährt. Es fühlt dann nicht nur die Hände an seinem Körper, sondern es kann die Lehrerin auch sehen und hören. Dies kann ihm das Gefühl vermitteln, daß es die Lehrerin als ganzen Menschen wahrnimmt und nicht nur als zu bewegenden Körper betrachtet.

Prinzip des deutlichen Körperkontakts

Nichts ist schlimmer als eine Hand, die sich ganz leicht auf einen legt und dadurch nur kitzelt. Beim Handling des Kindes muß die Lehrerin darauf achten, daß sie es fest und bestimmt anfaßt. Nur so kann das Kind wirklich spüren, wo die Hände der Lehrerin gerade sind, besonders wenn seine körperliche Wahrnehmung, z.B. Druck-, Wärme- und Lageempfindung, beeinträchtigt ist. Dem Kind müssen eindeutige Informationen übermittelt werden. Die Hände der Lehrerin sollten darum immer möglichst großflächig und mit leichtem Druck aufliegen.

Prinzip der bewegungsunterstützenden Maßnahmen

Wenn Kinder umgelagert werden, sollten sie möglichst einen Teil der Bewegungen selbst durchführen können oder Bewegungsmuster durch entsprechendes Handling angebahnt werden. Das Umlagern soll keine lästige Pflicht darstellen, sondern Anlaß sein, Bewegungen zu fördern. Die Tätigkeit soll nicht allein bei der Lehrerin liegen, das Umlagern soll vielmehr im Hinblick auf das Kind eine bewegungsunterstützende Maßnahme darstellen.

Prinzip der körpernahen Korrektur

Wenn ein Kind gelagert werden soll, so muß zunächst vom Rumpf, der Hüfte und der Schulter ausgegangen werden. Danach erst kommen die körperfernen Teile wie Ellbogen, Knie,

Hand und Fuß. Vor allem beim Versuch, eine Spastik zu lösen, hat man keinen Erfolg, wenn man an den Enden der Extremitäten anpackt. Nur dicht beim Rumpf beginnend kann man den Krampf lösen.

Prinzip der Kontrolle

Hat die Lehrerin ein Kind gelagert, das sich selbst nicht bewegen kann, so darf es allerhöchstens zwei Stunden in dieser Position verharren, da sonst die Gefahr des Wundliegens auftritt. Durch fehlende Gewichtsverlagerung während dieser Zeit werden die belasteten Körperpartien zunehmend schlechter durchblutet, was zu schmerzhaft geröteten Druckstellen oder gar offenen Wunden führen kann. Durch rechtzeitiges Umlagern des Kindes kann dies verhindert werden. Seine Position muß außerdem immer wieder überprüft werden, da z. B. durch Kopfbewegungen leicht ein Ohr umknickt, was dem Kind Schmerzen bereiten kann.

Prinzip: „so wenig wie möglich, so viel wie nötig"

Werden zur Lagerung eines Kindes Hilfsmittel wie Kissen, Decken, Rollen, Säckchen oder ähnliches verwendet, so ist darauf zu achten, daß man nicht mehr Material verwendet, als unbedingt nötig ist. Je mehr Einzelteile verwendet werden, desto instabiler wird die Lagerung, desto weniger hat man den Überblick, ob nicht doch irgendwo eine Falte oder ein Knick ist, der sehr drücken kann. Das Material, das man herbeischafft, muß nachher auch wieder weggeräumt werden. Aus Bequemlichkeit darf jedoch kein Kissen wegbleiben, das eigentlich noch unter das Knie oder unter den Arm hätte gelegt werden sollen. Das Lagerungsmaterial muß also den Gegebenheiten angepaßt werden.

Prinzip der Dokumentation

Im Rahmen der täglichen Protokolle sollten auch die Lagerungsarten der Kinder dokumentiert werden. Die verwendeten Hilfsmittel und die Reaktionen des Kindes, ob es sich wohl fühlt, ob es lange in der gewählten Position verbleiben kann, ob es sichtlich mehr Bewegungen ausführt und ähnliches, geben wichtige Hinweise für weitere Planungen. Bei einem eventuellen Personalwechsel oder bei Vertretungen kann der andere Mitarbeiter zudem erkennen, was das Kind gewohnt ist, und dann in gleicher und dem Kind bekannter Weise handeln.

6.2 Praxisbeispiele aus einer Klasse mit Kindern mit schwerster Behinderung

Die nachfolgenden Abbildungen entstanden während der praktischen Arbeit von E. Dehlinger in einer Klasse mit fünf Kindern mit schwerster Behinderung. Vier dieser Kinder sind auf den Fotos zu sehen. Um die Kinder etwas besser einschätzen zu können, werden wir sie ganz kurz vorstellen.

Alle Kinder sind schwerst behindert und in ihrer Motorik extrem eingeschränkt. Sie können sich nicht selbständig fortbewegen oder einen Lagewechsel vollziehen und somit auch nicht aktiv in eine höhere Position kommen. Ihre Körperspannung reicht von extremer Hypotonie bis hin zur starken Spastik. Folgen dieser abnormen Körperspannung sind Fehlhaltungen, Kontrakturen und daraus resultierende Deformationen im Haltungsapparat. Der eigene Aktionsradius der Kinder ist stark begrenzt. Selbständige, zielgerichtete Hand- oder Armbewegungen sind kaum möglich. Die Kommunikation vollzieht sich auf seiten der Kinder auf der nonverbalen Ebene. Ihre Wahrnehmungsfähigkeit ist in den Bereichen des Sehens und Hörens nicht genau zu beurteilen. Vegetative Vorgänge wie Ausscheidung werden von den Kindern nicht beherrscht. Auch beim Atmen haben sie Probleme, welche hauptsächlich durch ihre Immobilität, d. h. in der Regel nur Rücken-, Seit- oder Bauchlage, entstehen und unweigerlich aufrechterhalten werden.

Die Kinder:

Thomas* (12 Jahre) hat eine Stoffwechselerkrankung, die sich dahingehend auswirkt, daß er oft 20 Stunden am Tag schläft. Falls er wach ist, kann er seinen Kopf von einer Seite auf die andere drehen, ihn für kurze Zeit halten (s. Abbildung 9) oder sich mit Unterstützung komplett von einer Seite auf die andere drehen (s. Abbildungen 22–25). Von athetotischen Fingerbewegungen abgesehen, ist seine Körperspannung ausgesprochen hypoton. Er ist eines von zwei Kindern in der Klasse, die passierte Kost essen können. Er liebt Musik und lautiert, er „singt", wenn er Vibrationen eines Musikinstrumentes spürt.

Timo (8 Jahre) ist auf einem Ohr taub. Er liebt Musik und rhythmische Bewegungen wie Schaukeln oder Schütteln. Es kann ihm fast nie heftig genug sein. Timo lacht sehr gerne und sucht Blickkontakt. Seinen Kopf kann er bei entsprechender Lagerung zur Seite drehen. Er bekommt sehr häufig cerebrale Krampfanfälle, manchmal bis zu zehn an einem Vormittag. Seine Bewegungsfähigkeit der Arme und Hände ist durch die spastische Beugestellung stark eingeschränkt. Bei ihm ist sehr häufig ein einschießender Streckkrampf im ganzen Körper zu beobachten.

Sonja (7 Jahre) ist in der Lage, ihren Kopf für längere Zeit hochzuhalten und in verschiedene Richtungen zu drehen (s. Abbildung 6). Sie kann ihre Augen auf ein Geräusch oder einen visuellen Reiz ausrichten. Da ihre Körpertemperatur zwischen 33°C und 36°C schwankt, muß sie meistens warm zugedeckt oder in körpernaher Lagerung gewärmt werden. Am wohlsten fühlt sie sich, wenn sie im Arm gehalten wird. Sie kann sich dabei herrlich entspannen. Sonja ißt sehr gern, und zwar gut passierte Kost.

Anna (12 Jahre) hat sehr instabile Knochen. Man muß daher bei der Lagerung sehr vorsichtig vorgehen, um eine Spontanfraktur zu vermeiden. Die Grundspannung ihrer Muskulatur ist hypoton, doch die Arme sind in einem spastischen Beugemuster und die Beine häufig im Streckkrampf. Anna hat oft Schmerzen und

---

* Alle Namen aus Datenschutzgründen geändert

weint. In diesem Falle versucht man ihr eine angemessene und entspannende Lagerung zu ermöglichen (s. Abbildungen 17 u. 18).

Die folgenden Beispiele sind nach verschiedenen Themenbereichen geordnet:

Bild 1–4: Körpernahe Lagerung
Bild 5–6: Bauchlage
Bild 7–10: Rückenlage
Bild 11–12: Seitlage
Bild 13–15: Bewegung
Bild 16–18: Entspannung
Bild 19–21: Individuelle Lagerung in der Gruppe
Bild 22–25: Bewegungsförderung
Bild 26–27: Bewegungsförderung im Wasser
Bild 28–35: Handling in der Förderpflege
Bild 36–38: Lagerung zur Nahrungsaufnahme

Bild 1–4: Körpernahe Lagerung

Bild 1:

Durch den Schneidersitz hat Sonja eine vergrößerte, stabile Fläche zum Sitzen. Die Unterstützung an Schulter und Hüfte verleiht zusätzlich Stabilität und ermöglicht ihr so eine kurzzeitige Kopfkontrolle.

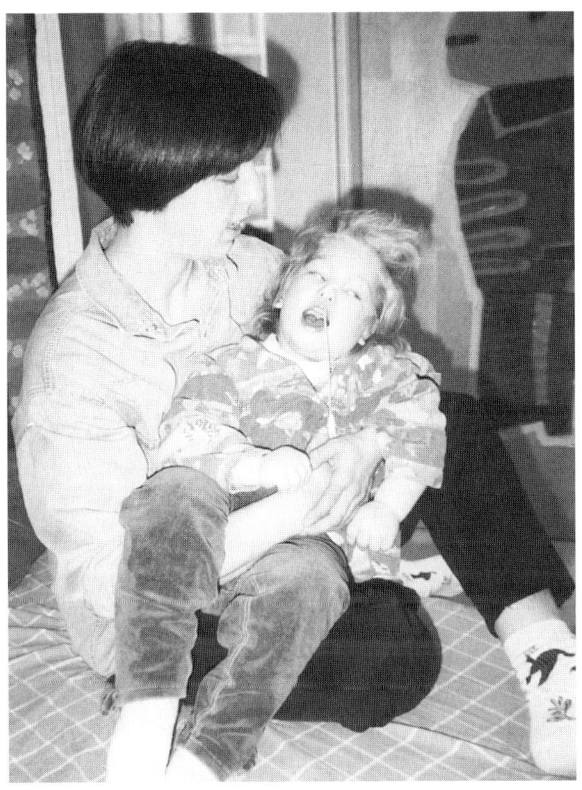

Bild 2:

In dieser sicheren und festen Haltung fühlt sich Sonja ausgesprochen wohl. Ihr Rumpf wird großflächig durch Bein, Arm und Hände der Lehrerin gestützt. Mit ihrem linken Oberarm kann diese die Kopfhaltung von Sonja kontrollieren. Ihr rechter Arm bringt ein Bein in Beugestellung, das andere kommt durch die Sitzhaltung der Lehrerin in Beugung. Die Haltung wirkt auf Sonja reflexhemmend. In dieser körpernahen Lagerung sind Schaukeln und Schütteln sehr gut durchführbar.

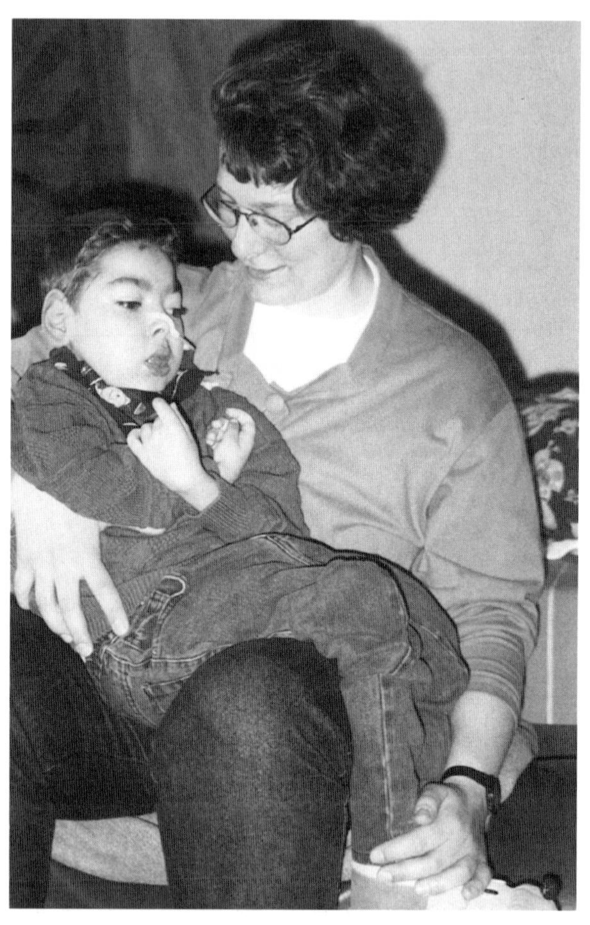

Bild 3:

Der rechte Arm und die rechte Hand der Lehrerin verleihen dem Rumpf Stabilität. Die linke Hand hält die Beine in kontrollierter Beugestellung, die bei Timo ansonsten sehr häufig in einen Streckspasmus kommen. Durch das Sitzen auf den Oberschenkeln der Lehrerin kommt die Hüfte ebenfalls in Beugestellung.

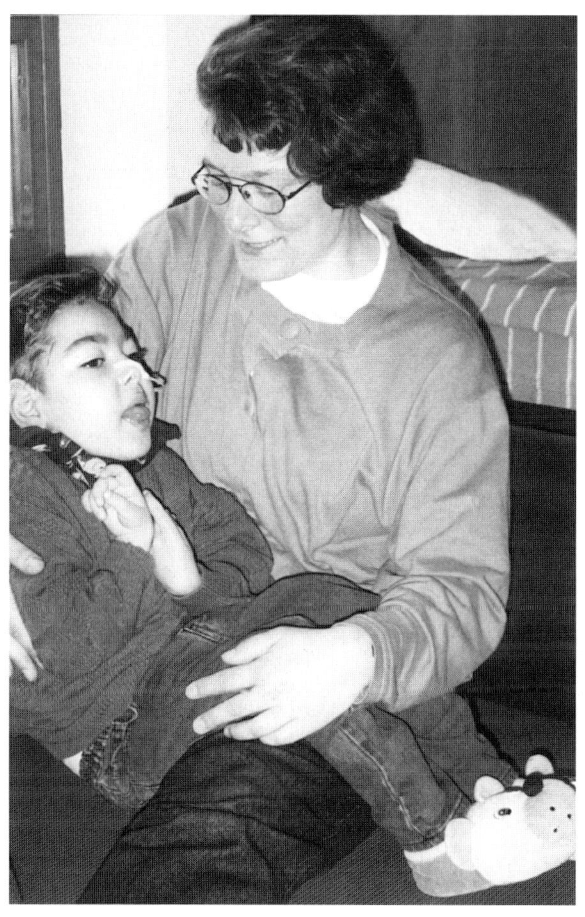

Bild 4:

Nun sitzt Timo mit dem Gesäß auf dem Boden, der Rücken wird durch das aufgestellte Bein der Lehrerin gestützt. Timos Beine sind über das Bein der Lehrerin gebeugt, deren linke Hand einen einschießenden Streckspasmus notfalls verhindert.

Bild 5–6: Bauchlage

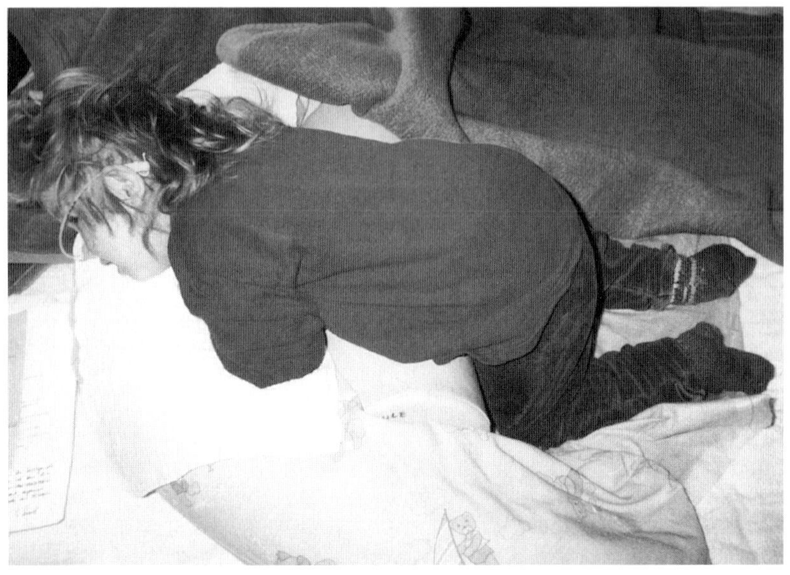

Bild 5:

Die Bauchlage wird bei Sonja durch ein Relax-Pillow und eine kleine Rolle, die ihrer Größe angepaßt ist, hergestellt. Die angewinkelten Knie verleihen dem Rumpf Stabilität. Die Arme und Schultern von Sonja werden nach vorne gebracht.

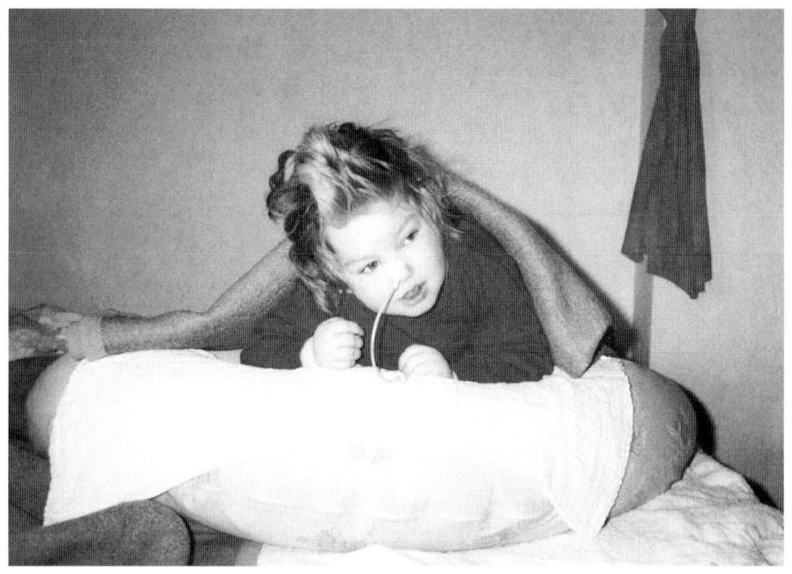

Bild 6:

Trotz ihres extrem starken Hypotonus gelingt es Sonja seit kurzer Zeit, sich in dieser Position für 1–2 Minuten auf den Unterarmen abzustützen und den Kopf zu heben und zu drehen, wenn sie ein interessantes Geräusch hört. Sie „übt“ dies sehr häufig und selbständig. Nach der Anstrengung läßt sie ihren Kopf wieder auf das Kissen sinken.

Bild 7–10: Rückenlage

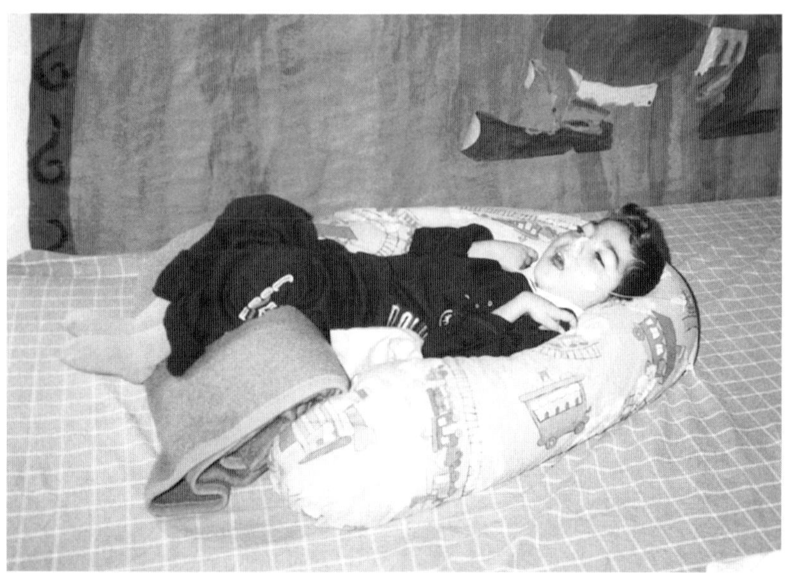

Bild 7:

In der Rückenlage werden bei Timo Kopf, Schultern und Oberkörper durch das Relax-Pillow unterstützt und in der Mittelstellung stabilisiert. Durch die zusammengelegte Decke unter den Knien erreicht man eine Beugung in Hüfte und Kniegelenk. In dieser reflexhemmenden Lagerung kann sich Timo sehr gut entspannen.

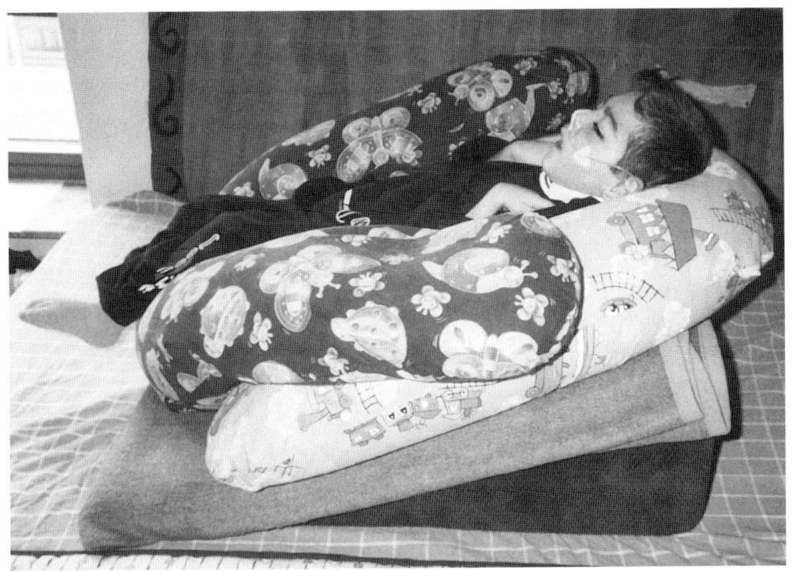

Bild 8:

Das gleiche Lagerungsprinzip ist nun durch zwei Relax-Pillows hergestellt. Eine zusätzliche Oberkörper-Hochlagerung wird durch den untergelegten Keil erzielt. In dieser Position ist die Verabreichung der Sondenkost gut möglich.

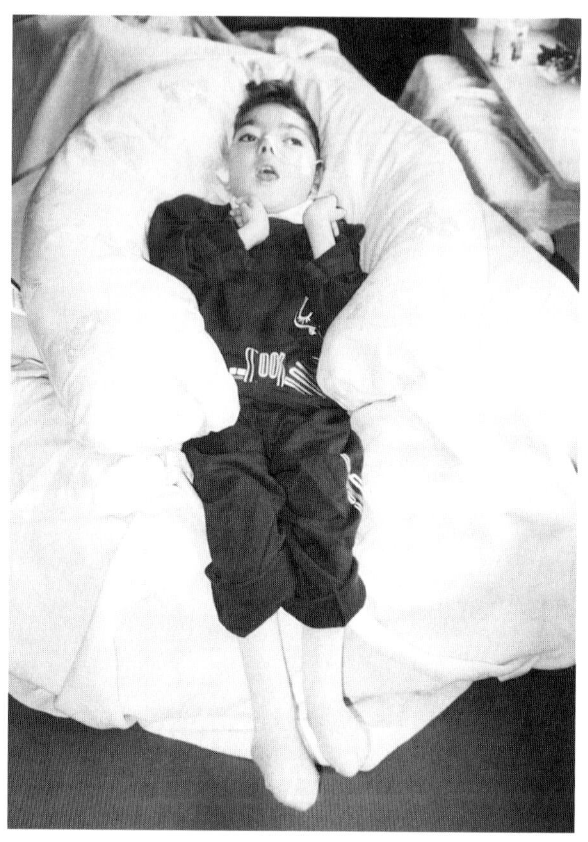

Bild 9:

Mit Knautschsack und Relax-Pillow läßt sich eine bequeme, dem Körper von Timo angepaßte Lagerung herstellen. Durch vorherige Formung des Knautschsackes liegt der Po von Timo sehr tief, so daß in der Hüfte eine Beugung entsteht. Die Beine hängen herunter, so daß auch in den Knien die Beugung gewährleistet ist. Kopf, Schulter und Oberkörper werden durch das Relax-Pillow stabilisiert.

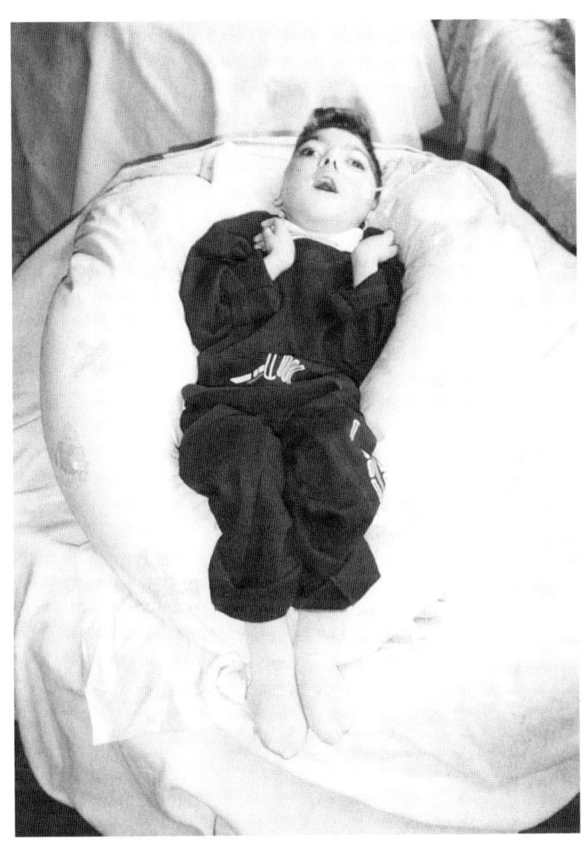

Bild 10:

Wird das Relax-Pillow umgedreht, so ist die Beugung in den Knien noch stärker. Nun muß jedoch der Kopf mit einem Kissen oder ähnlichem unterstützt werden, um einem Überstrecken des Kopfes entgegenzuwirken.

Bild 11 – 12: Seitlage

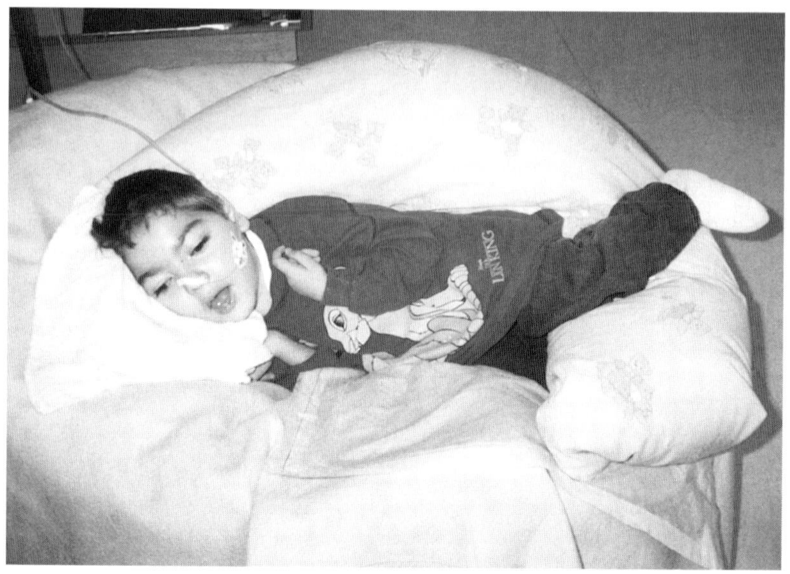

Bild 11:

In der Seitlage werden bei Timo der Kopf, der gesamte Rücken und die Hüfte durch das Relax-Pillow stabilisiert. Das obenliegende Bein wird in Beugung auf das Kissen gelagert, so daß eine Abduktion im Hüftgelenk entsteht. Durch eine vorherige Formung des Knautschsackes liegt Timo sehr bequem und entspannt in einer Mulde. Der obenliegende Arm hat jetzt auch mehr Bewegungsfreiheit. In dieser Haltung schießen bei ihm am wenigsten pathologische Reflexe ein.

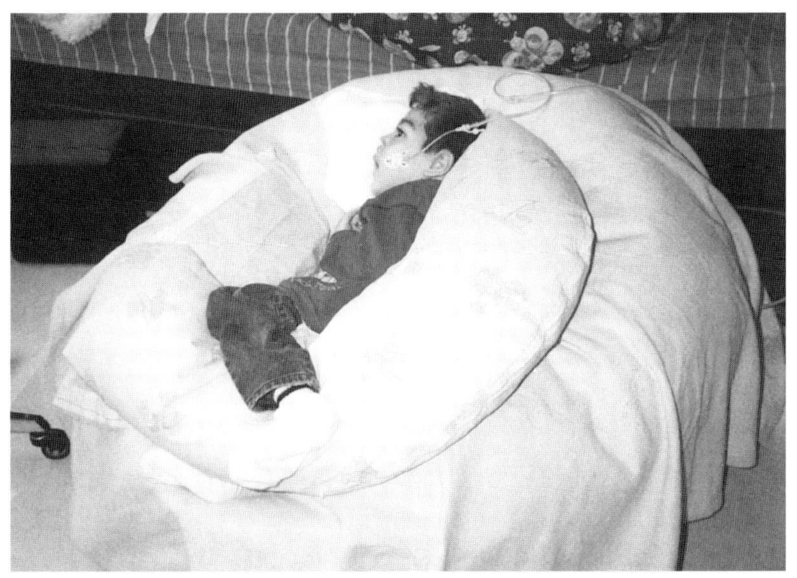

Bild 12:

Hier sieht man, wie die ganze „Rückseite“ von Timo gestützt und stabilisiert ist.

Bild 13 – 15: Bewegung

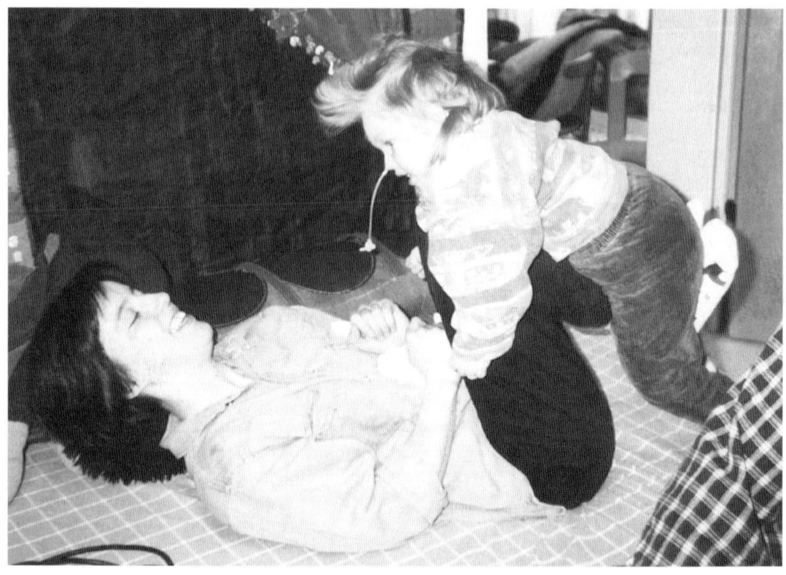

Bild 13:

Eine körpernahe Möglichkeit zur Übung der Kopfkontrolle bei kleinen Kindern. Durch bloßes Aufliegen des Rumpfes auf den Unterschenkeln der Lehrerin ist Sonja dazu angehalten, Gleichgewichtsreaktionen herzustellen. Durch das Anheben des Kopfes kann sie sich der Lehrerin zuwenden, die mit ihr spricht.

Bild 14:

Timo braucht noch zusätzlichen Halt an der Schulter. Hier kann auch er den Kopf eine kurze Zeit halten. Er sucht den Blickkontakt und wird von der Lehrerin angesprochen. Durch die große Auflagefläche seines ganzen Rumpfes und durch die Schwerkraft bedingt, verringert sich sein Beugespasmus in den Armen.

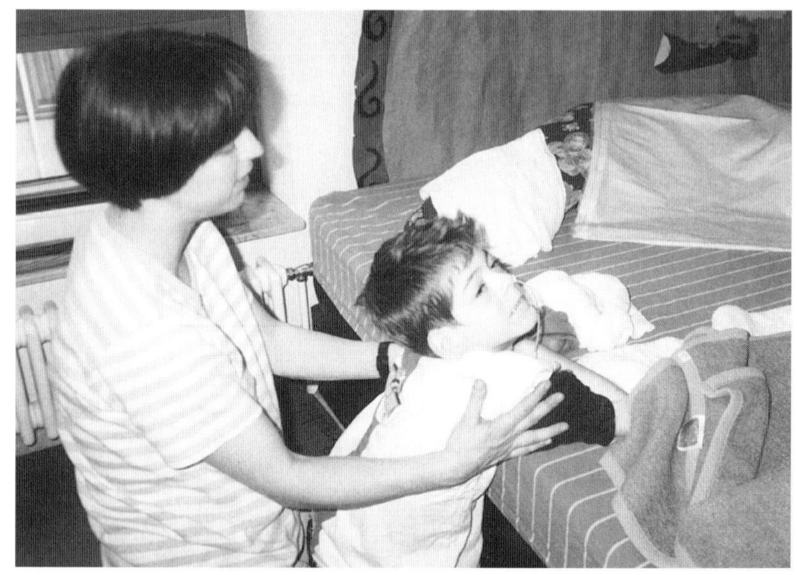

Bild 15:

Thomas kniet vor der Matte. Durch die Beine der Lehrerin wird seine Hüfte gestützt. Zusätzlichen Halt gibt sie ihm durch ihre Hände an den Schultern. Thomas' aufgestützte Unterarme erhöhen die Stabilität des Oberkörpers. Trotz seiner extremen Hypotonie kann er in dieser Haltung einige Sekunden lang den Kopf halten. (Hier kippt er gerade.)

Bild 16–18: Entspannung

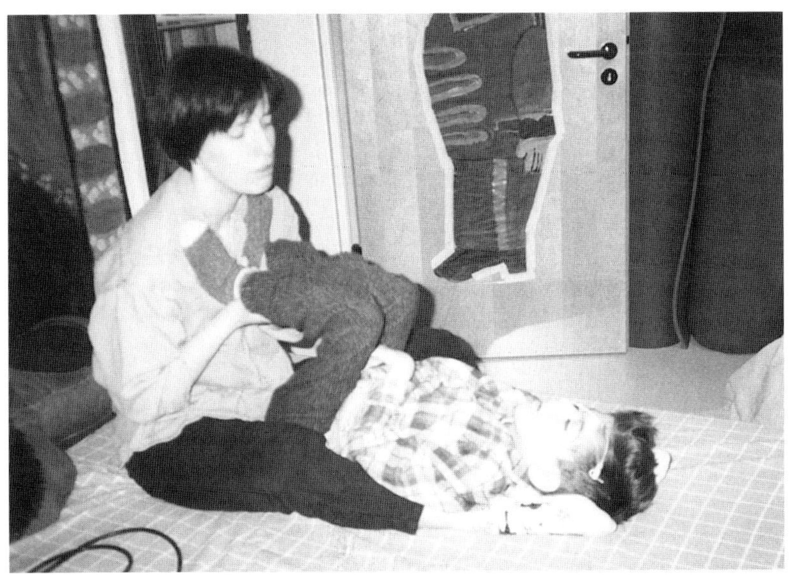

Bild 16:

Sehr entspannend ist für Thomas diese körpernahe Beugehaltung. Seine Kopfstellung wird durch die Füße der Lehrerin kontrolliert. Die Beine, Hüfte und Arme sind in totaler Beugung. Die Füße erhalten einen stabilisierenden Gegendruck durch den Oberkörper der Lehrerin.

Bild 17:

Durch rhythmisches Klopfen auf den Therapieball reguliert sich bei Anna die Atmung, und es kommt zur sichtlichen Entspannung.

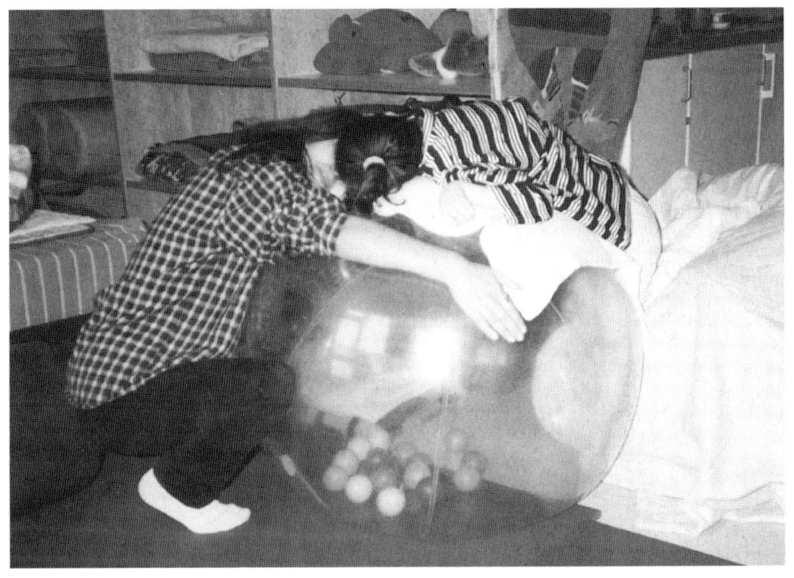

Bild 18:

Hier findet bei Anna Entspannung in höchstem Maße statt. Durch das Liegen auf dem weichen, federnden Ball beruhigt sie sich schnell, wenn sie Schmerzen hat. Der gesamte Rumpf, Kopf und Arme liegen auf dem Ball auf. Die Rückenmuskulatur wird gedehnt, und die Arme, die sonst in einem starken Beugespasmus verharren, entspannen sich. Die Unterschenkel finden Halt und Stabilität auf dem Knautschsack.

Bild 19–21: Individuelle Lagerung in der Gruppe

Bild 19:

Eine durchdachte, vorbereitete Umgebung stellt den Ausgangspunkt für einen Gruppenunterricht dar. Hier können alle fünf Kinder der Klasse auf einer 4 qm großen Matte ihren Bedürfnissen entsprechend gelagert werden.

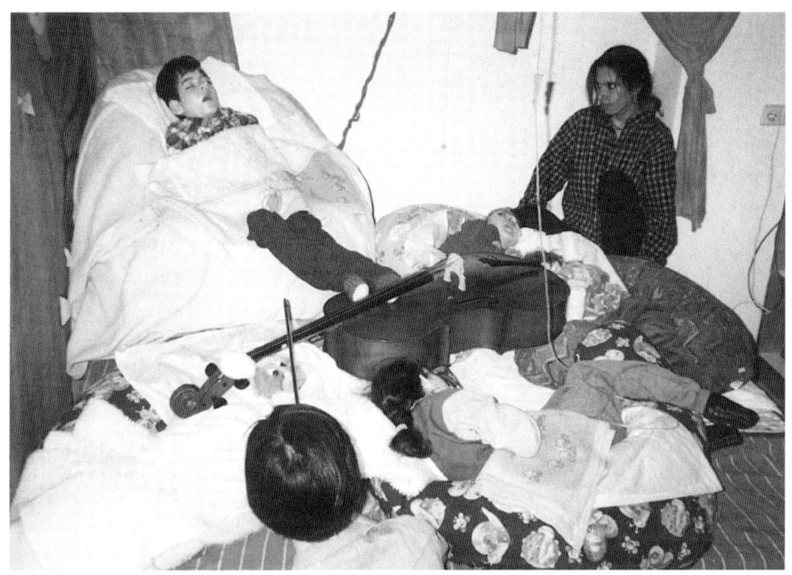

Bild 20:

Bei unserem Projekt „Cello-Töne, die durch Mark und Bein gehen" fand jedes Kind einen Platz, um direkt mit dem vibrierenden Cello in Kontakt zu sein, sei es durch Füße, Beine oder Hände. Dieses Beispiel zeigt, daß durch ausgewählte Lagerung ein Gruppenunterricht bei Kindern mit schwerster Behinderung stattfinden kann, der in hohem Maße zu Eigenaktivität und Bewegung anregt.

Bild 21:

Eine weitere Möglichkeit einer Lagerung für ein „gemeinsames Erleben“ wurde hier praktiziert: Timo und Sonja sind so gelagert, daß sie zur selben Zeit akustisch und über ihren Körper spüren, was mit dem/durch das Cello geschieht. Wenn sich die Kinder darüber hinaus noch berühren (Arme, Beine ...), könnten durch Aktion und Reaktion Interaktionen entstehen – eine Vorstufe also zur „kommunikativen Lagerung“.

Bild 22–25: Bewegungsförderung

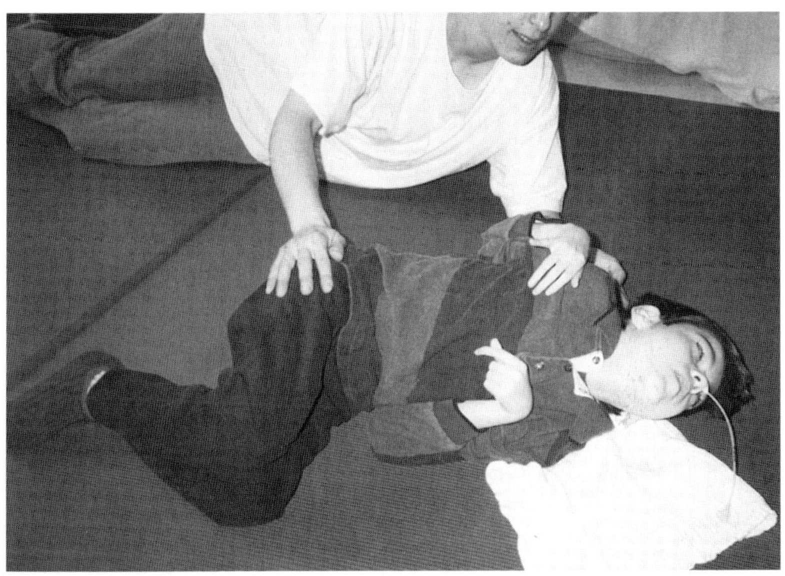

Bild 22:

Thomas wird von der Lehrerin dazu angehalten, sich auf die andere Seite zu drehen. Durch Ansprechen und Druck mit der Hand auf das Hüftgelenk gibt sie ihm Impulse. Durch die Anstrengung gerät bei Thomas der Kopf schnell in eine Überstreckung, die von der Lehrerin korrigiert wird, da sonst weitere Bewegungen blockiert wären.

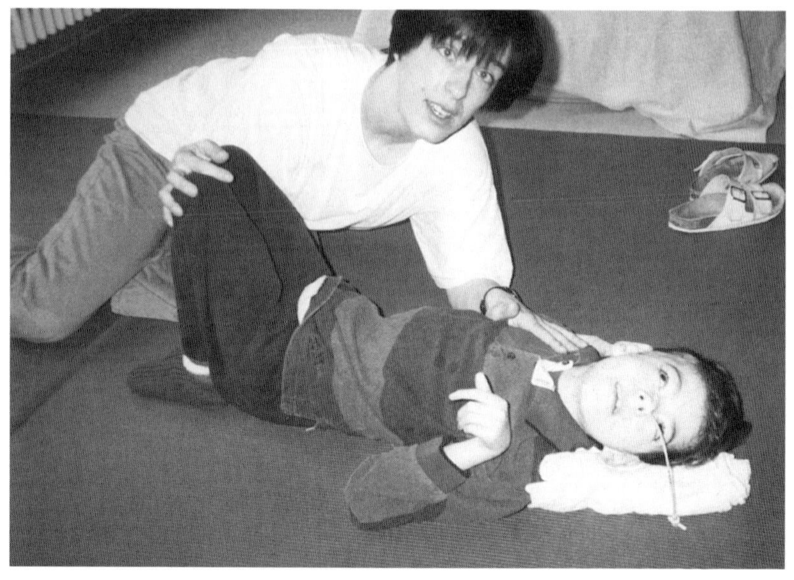

Bild 23:

Auf dem Rücken angekommen, stabilisiert die Lehrerin die Haltung durch Zusammenstellen der Beine. Ständiges Ansprechen und Druck auf Knie- und Schultergelenk sollen Thomas dazu bringen, sich weiter zu drehen. Zunächst folgt der Kopf selbständig bis etwa zur Mittellinie.

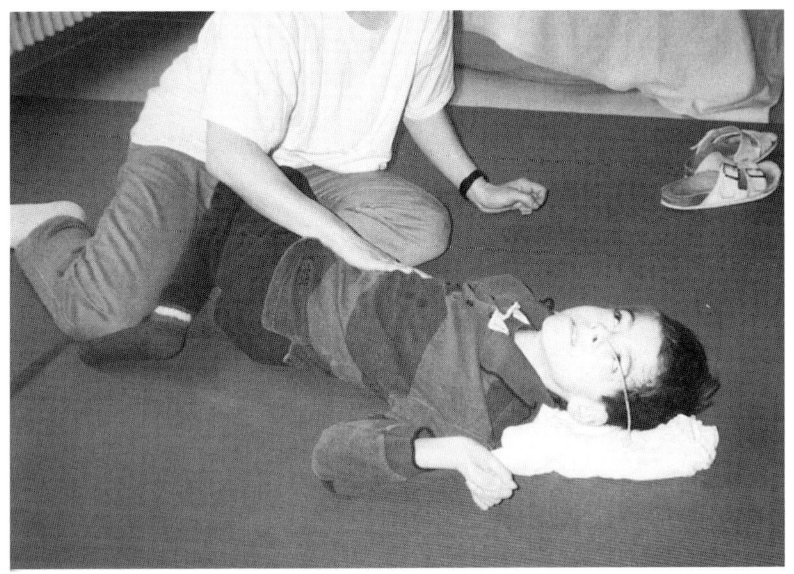

Bild 24:

Thomas' Beine liegen nun schon auf der anderen Seite. Die Rotation im Hüftgelenk veranlaßt Thomas, den Kopf weiter zu drehen, wieder unterstützt durch Druck auf das Hüftgelenk und Ansprache durch die Lehrerin.

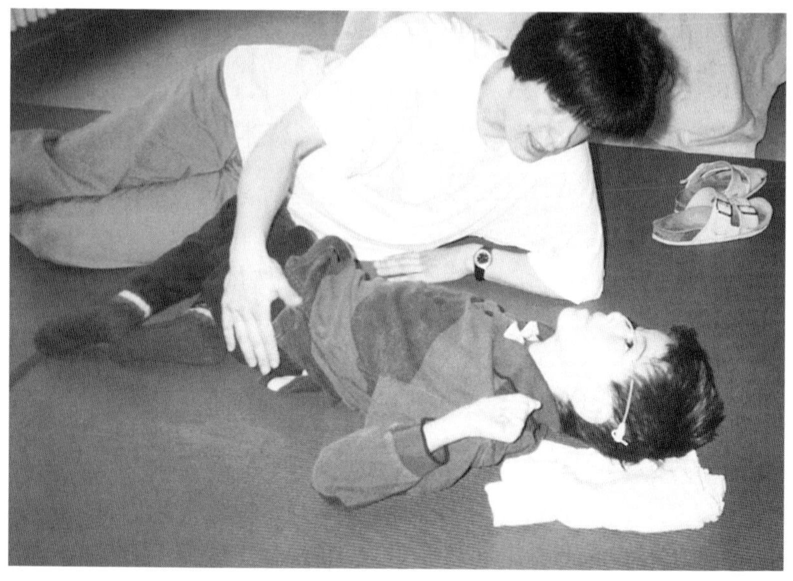

Bild 25:

Durch Stabilisierung des Hüftgelenks, mit dem Thomas schon auf der Seite liegt, und durch ständige Ansprache wird er motiviert, sich vollends auf die Seite zu drehen. Hier hat Thomas es jedoch nicht geschafft, denn er war recht müde, und die letzten 15 Minuten, in denen er sich von der Seite auf den Rücken gedreht hat, waren sehr anstrengend für ihn.

Bild 26–27: Bewegungsförderung im Wasser

Bild 26:

Bewegungserfahrungen im Wasser lösen große Freude und Entspannung bei Thomas aus. Von der horizontalen bis zur vertikalen Körperhaltung ist hier alles möglich. Die Leichtigkeit im Wasser ermöglicht ihm neue Körpererfahrungen.

Bild 27:

Finger, Hände, Arme und Beine werden im Wasser bewegt. Das schafft selbst Thomas, der „an Land“ zu solch komplexen Bewegungen nicht in der Lage ist.

Bild 28–35: Handling in der Förderpflege

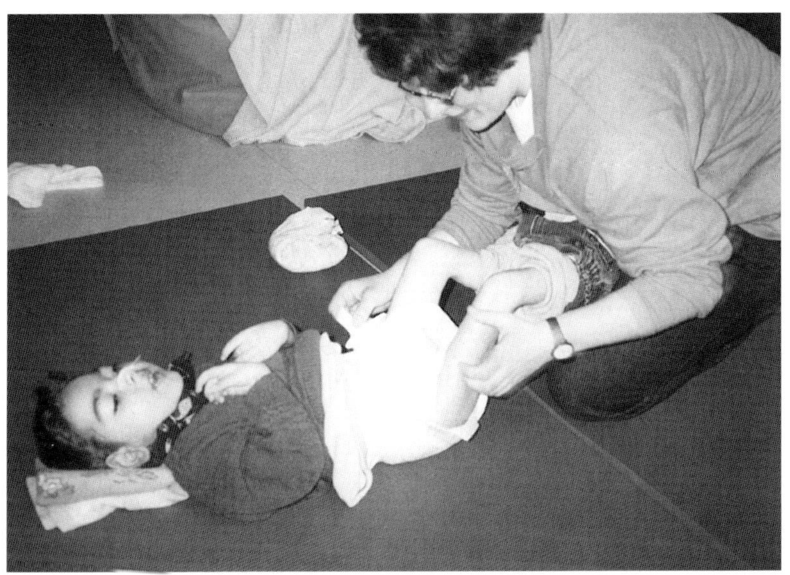

Bild 28:

Bei der Förderpflege ist auf das richtige Handling zu achten. Timos Körper ist in der Mittellinie ausgerichtet. Die Beugung der Hüfte und Beine wird durch den Körper der Lehrerin unterstützt. Eine gefaltete Decke unter dem Kopf wirkt einer Überstreckung entgegen. Mit dieser Pflegesituation werden Körperkontakt, Kommunikation und Bewegungsübungen verbunden, wie z. B. passives Beugen der Beine, Strampeln, Schütteln und Schaukeln.

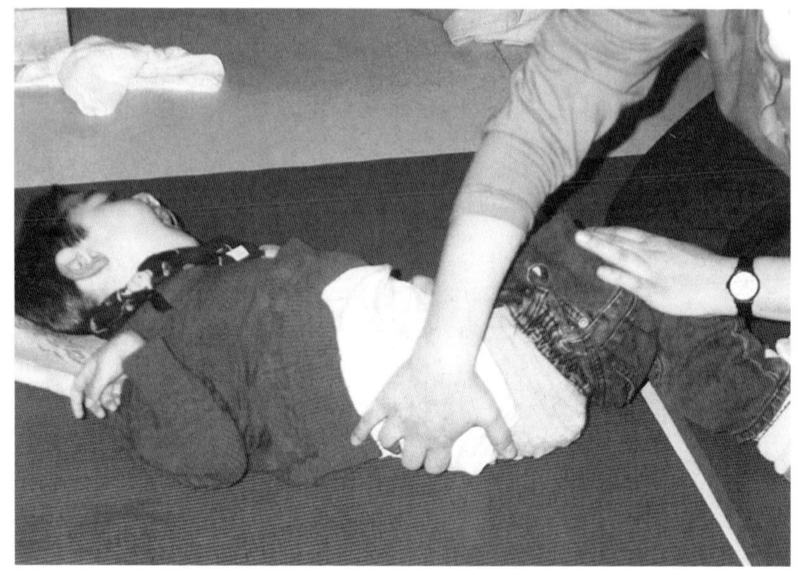

Bild 29:

Bei der Drehung sind die großen Gelenke Fixpunkte für die Hilfestellung: hier das Becken und die Knie. Durch diese Rotation folgt die Schulterpartie von selbst.

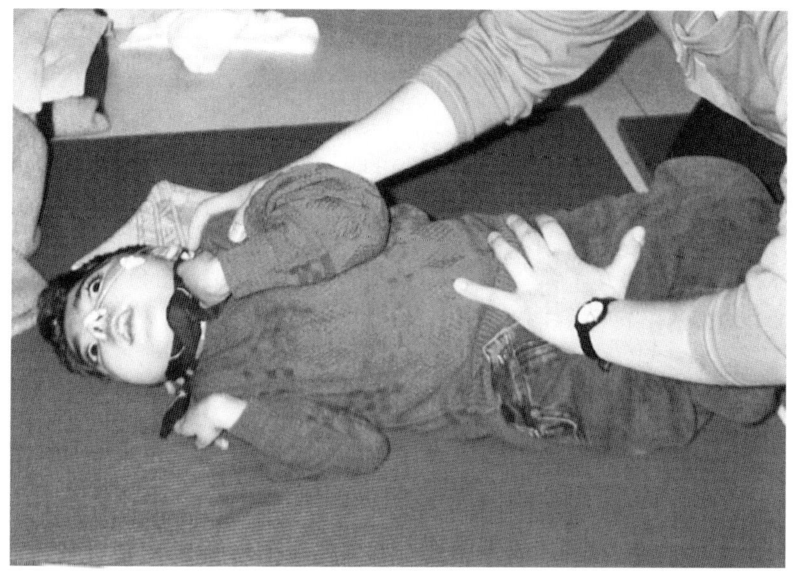

Bild 30:

Hier werden bei der Drehung Hüfte und Schulter unterstützt. Die Beine von Timo sind in Beugung, was das Drehen für ihn erleichtert.

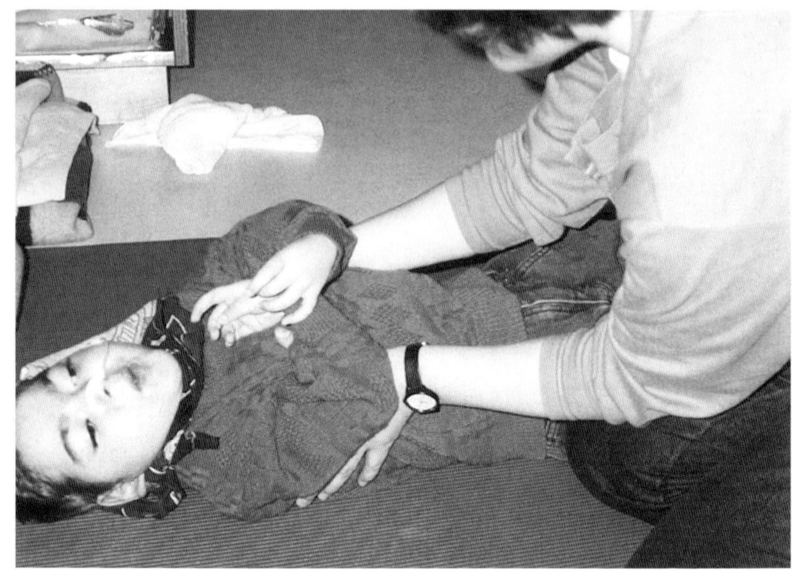

Bild 31:

Um Timo hoch zu nehmen, wird er unter Stabilisierung des Rumpfes zur Seite gedreht. Hüfte, Schultergürtel und Kopf folgen selbständig.

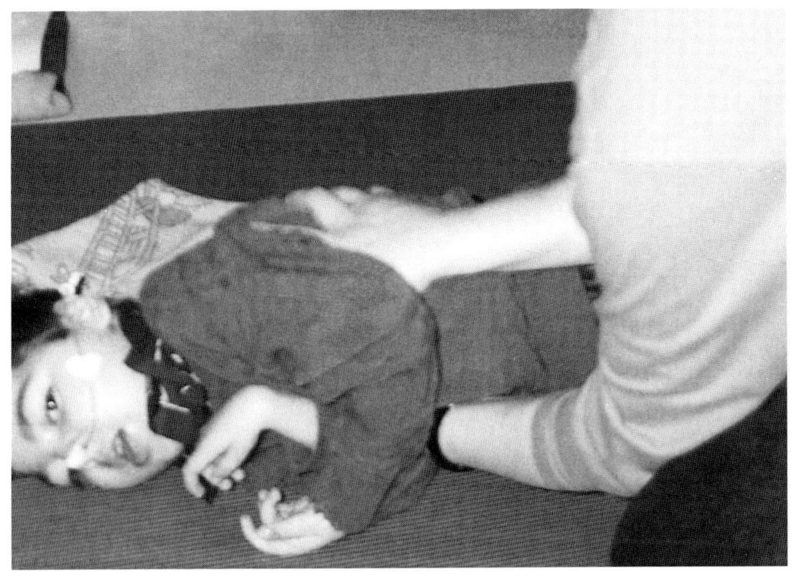

Bild 32:

Wenn der Rumpf auf dem Unterarm der Lehrerin aufliegt, erfolgt die Drehung bis hin zur Bauchlage.

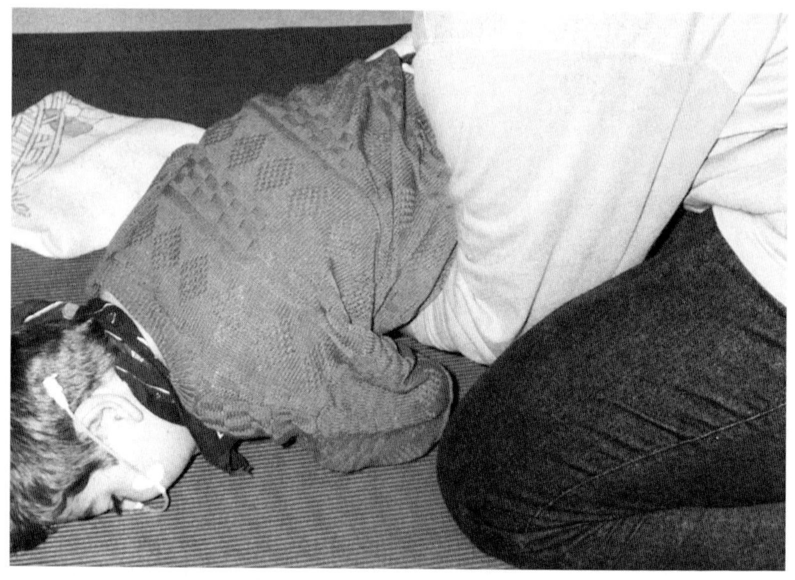

Bild 33:

Durch das Hochnehmen über die gestützte Bauchlage muß Timo die Kopfkontrolle mit übernehmen. Sie wird hier angebahnt. Das Berühren seiner Unterarme mit der Unterlage bahnt den Unterarmstütz an.

Bild 34:

Beim Hochnehmen wird Timo fast bis zur Rückenlage gedreht. Kopf und Hüfte muß er bei der Rotation selbständig mitnehmen.

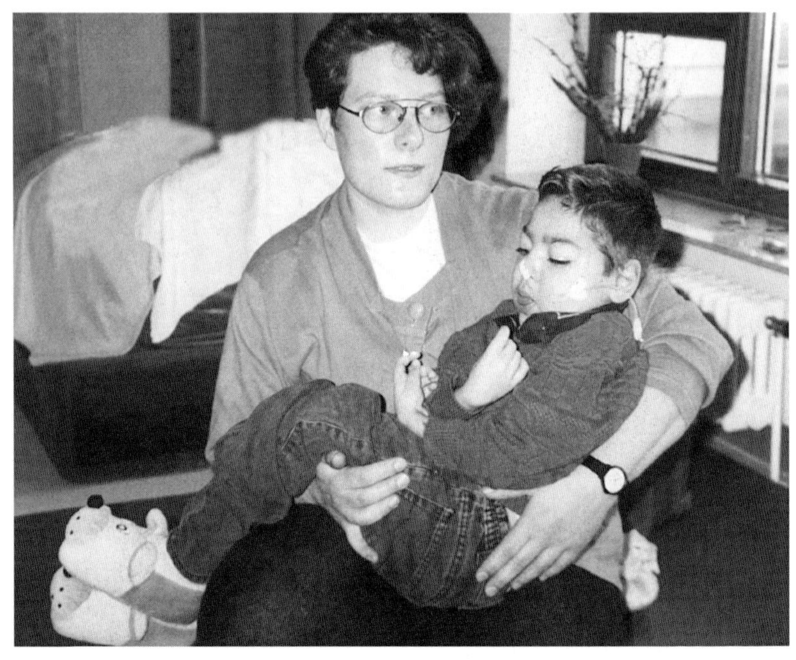

Bild 35:

Zum Schluß befindet sich Timo in einer stabilen, reflexhemmenden und körpernahen Position.

Bild 36–38: Lagerung zur Nahrungsaufnahme

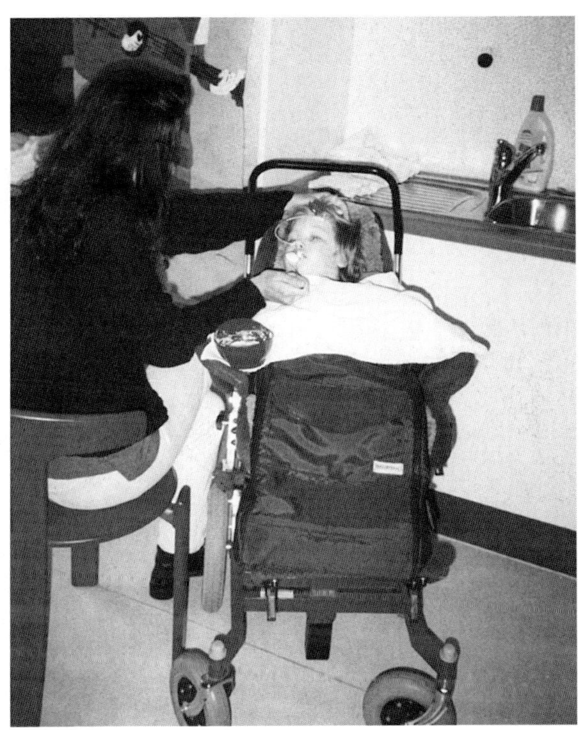

Bild 36:

Zur Nahrungsaufnahme sitzt Sonja am liebsten in ihrem eigens für sie angefertigten Rollstuhl. Hier sind der erhöhte Oberkörper und die Kopfkontrolle durch das entsprechende Kopfteil gewährleistet.

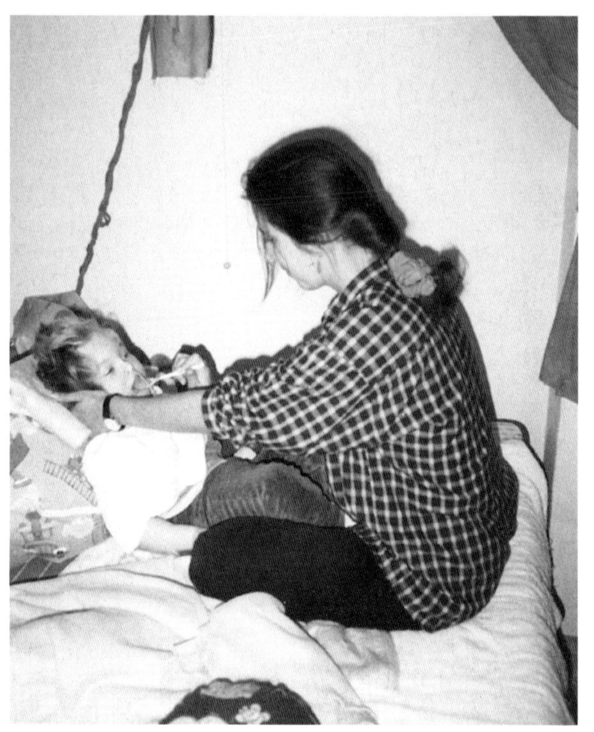

Bild 37:

Eine andere Möglichkeit besteht darin, durch Relax-Pillow und zusammengelegte Decken eine ähnliche Körperhaltung wie oben zu schaffen. Sonjas Beine werden durch den Körper der Lehrerin in Beugung gehalten. Die linke Hand der Lehrerin übernimmt die Kopfkontrolle. In dieser Haltung ist direkter Blickkontakt möglich.

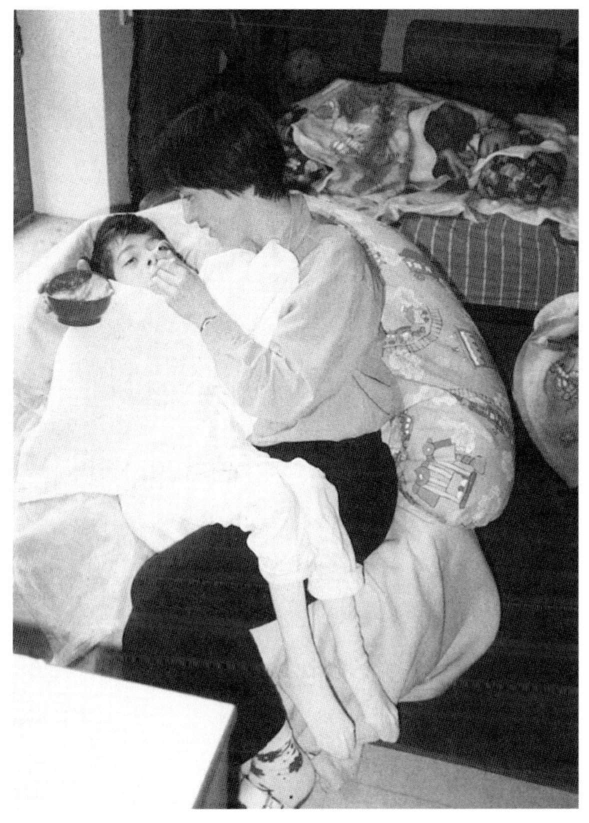

Bild 38:

Bei Thomas hat sich nach vielem Ausprobieren diese Lagerungsart bei der Nahrungsaufnahme bewährt. Die Lehrerin sitzt bequem im Knautschsack, im Rücken durch ein Relax-Pillow gestützt. Der rechte Arm, ebenfalls durch das Kissen gestützt, ermöglicht die Korrektur von Thomas' Kopfhaltung. Seine Beine liegen in Beugestellung über denen der Lehrerin.

7. Motorische Entwicklung

Für die einzelnen Stufen der motorischen Entwicklung kann man kaum genaue Zeitangaben machen (Flehmig 1996, 34–37). Sie bauen in der normalen kindlichen Entwicklung aufeinander auf. Der Zeitpunkt ihres Beginns variiert jedoch. Es muß nämlich immer eine „Variation des Normalen in Abhängigkeit von dem genetischen Grundmuster und der Stimulation bzw. Motivation durch die Umwelt" beachtet werden (S. 35).

In der folgenden Darstellung, die sich an die Denver Entwicklungsskala anlehnt, führen wir nur die beiden Bereiche der *Grobmotorik* und der *Feinmotorik und Adaption* auf. Auf die Entwicklung des sozialen Kontakts und der Sprache soll hier nicht näher eingegangen werden. Die Zeitangaben in Monaten geben den zeitlichen Spielraum an, in dem das Kind im Zuge einer normalen motorischen Entwicklung über die benannten Fähigkeiten verfügt. Sie werden im folgenden bis zu einem Entwicklungsalter von etwa 2 Jahren aufgezeigt. Die Tätigkeiten benennen Items aus dem Denver Entwicklungstest.

Grobmotorik

Fähigkeiten	*Monate*
Hebt Kopf in Bauchlage	0–1
Hebt Kopf in Bauchlage (45°)	0,5–2
Hebt Kopf in Bauchlage (90°)	1–4
Hält Kopf im Sitzen	1–3,5
Oberkörper in Bauchlage auf Arme gestützt	2–5,5
Hochgezogen zum Sitzen, Kopfkontrolle	3–4,75
Beine tragen etwas Körpergewicht	3,25–7,5
Dreht sich um	3,5–6
Sitzt ohne Hilfe	6,5–9
Steht mit Festhalten	6,75–10,5

Zieht sich hoch zum Stehen	7,5–11
Setzt sich auf	7,5–11
Läuft an Möbeln entlang	8,5–11,5
Steht kurze Zeit	10–14
Steht allein	11,5–15,5
Bücken und Aufrichten	12,25–15,5
Läuft allein	12,25–16
Geht Treppe hinauf	14–21
Spielt Fußball	14–21
Wirft Ball überhand	14–21
Läuft rückwärts	14,25–19
Steht eine Sekunde auf einem Bein	21–36
Hüpft auf der Stelle	23,5–30
Fährt Dreirad	32,5–36

Feinmotorik und Adaption

Fähigkeiten	*Monate*
Folgt mit den Augen zur Mittellinie	0–2
Gleichseitige Bewegung (Kopf in Mittellinie)	0–1
Folgt mit Augen über Mittellinie	0,5–2,5
Folgt mit Augen 180°	1–3
Bringt Hände zusammen	1,25–4
Ergreift Klapper	2–2,5
Betrachtet Rosinen	3,5–6
Langt nach Spielzeug	3,75–6
Schaut sitzend fallendem Wollknäuel nach	4,5–7
Nimmt sitzend zwei Klötzchen	5–7,5
Gibt Klötzchen von einer Hand in die andere	5–8,75
Greift nach Rosine	5,5–8
Daumen-Finger-Griff	6,5–10,25
Schlägt zwei Klötzchen zusammen	7,5–13
Pinzettengriff	8,75–12,5
Kritzelt spontan	12,25–21
Baut Turm mit zwei Klötzchen	12,25–18
Kippt Rosinen aus Flasche, wie demonstriert	12,5–23
Kippt z.B. Rosinen von allein aus der Flasche	14–27
Baut Turm mit vier Klötzchen	16–21
Baut Turm mit acht Klötzchen	21–33

Literatur

Aschoff, H. (1973): Die Bedeutung der Motorik in der Praxis des Sonderschullehrers. In: Eggert, D., Kiphardt, E. J.: Die Bedeutung der Motorik für die Entwicklung normaler und behinderter Kinder. Karl Hofmann, Schorndorf, 54–66

Bach, H. (1991): Zum Begriff „Schwerste Behinderung". In: Fröhlich, A. (Hrsg.): Handbuch der Sonderpädagogik Band 12. Pädagogik bei schwerster Behinderung. Edition Marhold, Berlin, 3–14

Baerecke, Ch., Weidinger, C. A. (1991): Ansätze zur Förderung schwerstbehinderter Menschen. Bedeutung und Stellenwert der krankengymnastischen Förderung bei Menschen mit schwersten Behinderungen. In: Lebenshilfe für geistig Behinderte Landesverband Nordrhein-Westfalen (Hrsg.): Annehmen und Verstehen – Förderung von Menschen mit schweren und schwersten Behinderungen. Satz und Druck GmbH, Düsseldorf, 78–87

Dehlinger, E. (1997): Therapieimmanenter Unterricht bei Kindern und Jugendlichen mit schwerster Behinderung unter besonderer Berücksichtigung bewegungsunterstützender Maßnahmen. Wissenschaftliche Hausarbeit, Heidelberg (unveröffentlicht)

Ebert, D. (1986): Muß die Krankengymnastin in der Frühbetreuung körperbehinderter Kinder ihre Rolle neu überdenken? In: Leyendecker, Ch., Fritz, A.: Entwicklung und Förderung Körperbehinderter. Forschungsgemeinschaft „Das körperbehinderte Kind" e.V. Edition Schindele, Heidelberg, 292–303

Feldkamp, M. (1996): Das zerebralparetische Kind. Konzepte therapeutischer Förderung. Pflaum, München

– (1983): Therapie des spastisch-bewegungsgestörten Kindes. In: Das behinderte Kind, 4, 68–74

Fischer, E. (1997): Wahrnehmung und sinnliche Erkenntnis bei behinderten und von Behinderung bedrohten Kindern und Jugendlichen. Unveröffentlichtes Skript zum Seminar an der PH Heidelberg

Flehmig, I. (1996): Normale Entwicklung des Säuglings und ihre Abweichungen. 5. Aufl. Thieme, Stuttgart

Fornefeld, B. (1995): Das schwerstbehinderte Kind und seine Erziehung. Edition Schindele, Heidelberg

Hedderich, I. (1991): Schulische Situation und kommunikative Förderung Schwerstkörperbehinderter. Edition Marhold, Berlin

– (1997a): Formen der Förderung schwerstmehrfachbehinderter Kinder und Jugendlicher in Sonder- und Regelschulen. In: Pädagogische Impulse, 2, 103–107
– (1997b): Burnout bei Sonderschullehrerinnen und Sonderschullehrern. Edition Marhold, Berlin
Hellbrügge, Th. (1986): Mehrfachbehinderte Kinder. Schriftenreihe der Bundesgemeinschaft Hilfe für Behinderte e.V. Band 210. Wilhelm Flöhren, Mönchengladbach
Hinz, A. (1992): Zum Begriff „schwerste Behinderung". In: Hinz, A. u. a.: Schwerstbehinderte Kinder in Integrationsklassen. Bundesvereinigung Lebenshilfe für geistig Behinderte e.V. Lebenshilfe-Verlag, Marburg
Kaiser, A., Kaiser, R. (1994): Studienbuch Pädagogik. Grund- und Prüfungswissen. 7. Aufl. Cornelsen, Frankfurt/M.
Kiphard, E. (1973): Sensumotorische Frühdiagnostik und Frühtherapie. In: Eggert, D., Kiphard, E.: Die Bedeutung der Motorik für die Entwicklung normaler und behinderter Kinder. Karl Hofmann, Schorndorf, 12–40
Kobi, E. (1986): Therapie und Erziehung. Ein chronischer Beziehungskonflikt? In: Geistige Behinderung 2, 82-93
Krebs, H. (1991): Sozialmedizinische und medizinische Aspekte zur Situation schwer behinderter Menschen. In: Fröhlich, A. (Hrsg.): Handbuch der Sonderpädagogik Band 12. Pädagogik bei schwerster Behinderung. Edition Marhold, Berlin, 417–446
Kuntz, S. (1991): Psychomotorische Förderung bei schwerster Behinderung. In: Fröhlich, A. (Hrsg.): Handbuch der Sonderpädagogik Band 12. Pädagogik bei schwerster Behinderung. Edition Marhold, Berlin, 207–218
Kultusminister des Landes Nordrhein-Westfalen (1985): Sonderschule. Richtlinien und Hinweise für den Unterricht. Förderung schwerstbehinderter Schüler. Greven & Bechthold GmbH, Köln
Michalke-Haffke, M. (1991): Anregungen zur Raumgestaltung – Ideen zum Erstellen von Arbeits- und Beschäftigungsmaterial. Allgemeine räumliche Bedingungen und Praxiserfahrungen aus der Sicht einer WfB. In: Lebenshilfe für geistig Behinderte Landesverband Nordrhein-Westfalen (Hrsg.): Annehmen und Verstehen – Förderung von Menschen mit schweren und schwersten Behinderungen. Satz und Druck GmbH, Düsseldorf, 192–200
Miller, R. (1991): Schule von innen heraus verändern. In: Zeitschrift Pädagogik, 2, 6–10
Ministerium für Kultus und Sport Baden-Württemberg (1982): Bildungsplan der Schule für Geistigbehinderte. Amtsblatt des Ministeriums für Kultus und Sport Baden-Württemberg, Stuttgart

Nachtmann, W. (1994): Bewegungsfördernde Maßnahmen im Unterricht bei geistig- und mehrfachbehinderten Kindern. Unveröffentlichtes Skript zum Seminar an der PH Heidelberg

Oberschulamt Stuttgart (1994): Zur Förderung schwermehrfachbehinderter Schülerinnen und Schüler. Anregungen für den Unterricht bei schwermehrfachbehinderten Kindern, Jugendlichen und jungen Erwachsenen in der Schule für Geistigbehinderte, in der Schule für Körperbehinderte und in entsprechenden Abteilungen anderer Sonderschulen auf der Grundlage des Bildungsplanes der Schule für Geistigbehinderte in Baden-Württemberg. Stuttgart

Peters, A. (1988): Bewegungsanalysen und Bewegungstherapie im Säuglings- und Kleinkindalter. Gustav Fischer, Stuttgart

Piaget, J. (1974): Psychologie der Intelligenz. 6. Aufl. Walter-Verlag, Olten

Rischmüller, A., Schmitt, B. (1996): Lagerungsmöglichkeiten im Schulalltag. In: Sowa, M., Rischmüller, A. (Hrsg.): Schule in Bewegung. Verlag Modernes Lernen, Dortmund, 67–89

Roche (1993): Roche Lexikon Medizin. 3. Aufl. Urban und Schwarzenberg, München

Schelenz, M. (1991a): Zum Personenkreis der Menschen mit schwersten Behinderungen. Definitorische Überlegungen. In: Lebenshilfe für geistig Behinderte Landesverband Nordrhein-Westfalen (Hrsg.): Annehmen und Verstehen – Förderung von Menschen mit schweren und schwersten Behinderungen. Satz und Druck GmbH, Düsseldorf, 40–43

– (1991b): Ziele der Förderung schwerstbehinderter Menschen unter Berücksichtigung methodischer Aspekte. Integratives Förderkonzept der Rheinischen Schule für Körperbehinderte in St. Augustin. In: Lebenshilfe für geistig Behinderte Landesverband Nordrhein-Westfalen (Hrsg.): Annehmen und Verstehen – Förderung von Menschen mit schweren und schwersten Behinderungen. Satz und Druck GmbH, Düsseldorf, 106–109

Schlaaf-Kirschner, K. (1991): Ansätze zur Förderung schwerstbehinderter Menschen. Verschiedene theoretische Ansätze im Überblick. In: Lebenshilfe für geistig Behinderte Landesverband Nordrhein-Westfalen (Hrsg.): Annehmen und Verstehen – Förderung von Menschen mit schweren und schwersten Behinderungen. Satz und Druck GmbH, Düsseldorf, 66–77

Schlack, H. G. (1986): Kompensation nach frühkindlicher Hirnschädigung – Anmerkungen zu den Grundlagen der Frühbehandlung. In: Leyendecker, Ch., Fritz, A.: Entwicklung und Förderung Körperbehinderter. Forschungsgemeinschaft „Das körperbehinderte Kind“ e.V. Edition Schindele, Heidelberg, 260–270

Schmidt, M., Schneider, P. (1988): Behinderung und Schule. Studienbrief 2: Behinderungen: Neuropsychologische und Kinderpsychiatrische Grundlagen. Deutsches Institut für Fernstudien an der Universität Tübingen

Schön, M. (1988): Krankengymnastik und Heilpädagogik bei geistig und körperlich Schwerbehinderten. In: Fröhlich, A. D. (Hrsg.): Die Förderung Schwerstbehinderter. Erfahrungen aus 7 Ländern. 2. Aufl. Verlag der Schweizerischen Zentralstelle für Heilpädagogik, Luzern, 105–138

Schweins, H. (1996): Pädagogen und Therapeuten in der schulischen Förderung. In: Sowa, M., Rischmüller, A. (Hrsg.): Schule in Bewegung. Verlag modernes lernen, Dortmund, 15–45

Sowa, M., Rischmüller, A. (Hrsg.) (1996): Schule in Bewegung. Verlag modernes lernen, Dortmund

Sowa, M., Metzler, N. (1988): Der therapeutisch richtige Umgang mit behinderten Menschen. Verlag modernes lernen, Dortmund

Speck, O. (Hrsg.): Behindertenhilfe durch Erziehung, Unterricht und Therapie. Band 9. Ernst Reinhardt Verlag, München

Staatsinstitut für Schulpädagogik und Bildungsforschung München (1991): Liegen, Sitzen, Stehen, Gehen. Handreichung für Unterricht, Förderung und Therapie schwerstbehinderter Schüler. Alfred Hintermaier, München

Thumm, K. E. u. a. (1992): Körperarbeit mit Behinderten. In: Fikar, S. u. H., Thumm, K. E. (Hrsg.): Körperarbeit mit Behinderten. 2. Aufl. Wittwer, Stuttgart, 8–19

van Hoek, B. (1991): Anregungen zur Raumgestaltung – Ideen zum Erstellen von Arbeits- und Beschäftigungsmaterial. Räumliche Bedingungen und praktische Beispiele zur Raumgestaltung aus der Sicht einer Schule. In: Lebenshilfe für geistig Behinderte Landesverband Nordrhein-Westfalen (Hrsg.): Annehmen und Verstehen – Förderung von Menschen mit schweren und schwersten Behinderungen. Satz und Druck GmbH, Düsseldorf, 201–212

van Vugt, G., Besems, T. (1992): Gestalttherapie mit Behinderten. In: Fikar, S. u. H., Thumm, K. E. (Hrsg.): Körperarbeit mit Behinderten. 2. Aufl. Wittwer, Stuttgart, 153–171

Verband Deutscher Sonderschulen e.V. Fachverband für Behindertenpädagogik (1985): Bewegen, Erleben, Lernen. Bericht über die Bundesfachtagung Sonderpädagogik in Mainz am 19. und 30. Mai 1985. Schulze, Nienburg

vom Bruch, H. (1994): Bewegungsbehinderungen: Übersicht und funktionelle Grundlagen. Thieme, Stuttgart

Wagner, H.-V. (1986): Therapie in der Schule für geistig Behinderte? In: Behinderten-Zeitschrift 1, 29–30

Wechselberg, K. (1986): Indikation zur Frühbehandlung im Säuglingsalter. In: Leyendecker, Ch., Fritz, A.: Entwicklung und Förderung Körperbehinderter. Forschungsgemeinschaft „Das körperbehinderte Kind“ e.V. Edition Schindele, Heidelberg, 271–180

Zink, Ch. (Bearb.) (1986): Pschyrembel Klinisches Wörterbuch. 255. Aufl. Walter de Gruyter & Co, Berlin

Zinke-Wolter, P. (1991): Spüren – Bewegen – Lernen. Handbuch der mehrdimensionalen Förderung bei kindlichen Entwicklungsstörungen. Verlag modernes lernen, Dortmund

Ulrike Theilen

Mach doch mit!

Lebendiges Lernen mit schwerbehinderten Kindern

2., ergänzte Auflage 1996. 201 Seiten. 54 Photos. (3-497-01407-9) kt

Die besondere Lebenssituation von schwer- und mehrfachbehinderten Kindern und Jugendlichen verlangt auch eine besondere Planung und Gestaltung des Unterrichts. Ein rein lernzielorientiertes Vorgehen stößt schnell an seine Grenzen; curriculare Darstellungen lassen sich nicht immer mit geeigneten Inhalten füllen und scheinen dann kaum realisierbar zu sein. So werden in diesem Buch mögliche Schwerpunkte in der vorschulischen und unterrichtlichen Arbeit einmal vom Inhalt her aufgezeigt: Was erlebe ich in Verbindung mit einem bestimmten Material oder Gegenstand? Was kann ich damit tun, was kann sich dadurch verändern?

In der spielerischen Auseinandersetzung mit bestimmten Materialien, im Erforschen von Farben und Klängen soll dem schwerstbehinderten Kind ein Stück Welt geöffnet werden, immer auch in der lebendigen Beziehung zu anderen. Der Leser findet in diesem Band erprobte und konkret ausgearbeitete Unterrichtseinheiten, die sich sowohl in Einzel- als auch in Gruppensituationen durchführen lassen.

Aus dem Inhalt

Wasser: Vestibuläre Anregung. Mit Händen, Füßen, Augen und Ohren. Gießen, Schütten, Spritzen

Sand: Schütten, Schaufeln, Wasser-Sand-Spiele

Ton: Abzupfen, Auswalzen, Formen

Papier: Knüllen, Reißen, Aufkleben, Ein- und Auspacken, Schneiden

Stoff: Knüllen, Hineinstopfen, Herausziehen, Bedecken und Verstecken, Lösen von Knoten und Schleifen

Ball: Greifen, Festhalten, Loslassen, Rollen, Pendeln, Werfen und Fangen

Baustein: Greifen, Festhalten, Loslassen, Aneinanderstellen, Aufeinanderstapeln

Farbe und Farben: Gestaltung des Klassenzimmers, Seh-Spiele, Verstreichen mit Händen, mit Pinsel, Aufwalzen, Spritzen, Drucken, Malen mit Stiften

Geräusche und Klänge: Anschubsen, Schütteln, Drücken, Ziehen, Rollenlassen, Klopfen, Bewegung zur Musik

Raum: Weite, Begrenzung, oben/unten, links/rechts, vor/hinter